智慧城市

ZHIHUICHENGSHI

——人类睿变的加与减

赵灵智　崔成江 ◎编著

中国出版集团

世界图书出版公司

广州·上海·西安·北京

图书在版编目（CIP）数据

智慧城市：人类睿变的加与减 / 赵灵智，崔成江编著.--
广州：世界图书出版广东有限公司，2025.1重印
ISBN 978-7-5100-9756-0

Ⅰ.①智… Ⅱ.①赵… ②崔… Ⅲ.①现代化城市–
城市建设–研究–世界 Ⅳ.①C912.81

中国版本图书馆 CIP 数据核字(2015)第 118495 号

智慧城市——人类睿变的加与减

策划编辑	胡一婕
责任编辑	梁少玲
封面设计	高艳秋
投稿邮箱	stxscb@163.com
出版发行	世界图书出版广东有限公司
地　　址	广州市新港西路大江冲25号
电　　话	020–84459702
印　　刷	悦读天下（山东）印务有限公司
规　　格	880mm×1230mm　1/32
印　　张	5.5
字　　数	150 千
版　　次	2015 年 5 月第 1 版　　2025 年 1 月第 3 次印刷
ISBN	978–7–5100–9756–0/F·0194
定　　价	38.00 元

《智慧城市——人类睿变的加与减》

编写委员会

名誉主任：尹德川(香港)　周永章

主　　任：赵灵智

副 主 任：崔成江　陆茂钦

编　　委（排名不分先后）：

编者说明与致谢

为了适应国家大力发展低碳经济、智能化产业、信息化产业，以及城市转型发展中的科学技术普及要求，本书对国内外智慧城市的发展做了较系统的梳理和文献研究，通过对相关资料进行收集、整理、消化和学习，最终完成本书编写工作。

显然，智慧城市建设不是单一学科和产业技术能够完成的，为此我们请教了多方面的专家、学者和企业家。为做好本书的编写，在科协年会上，我们还就图书编写方向请教了胡钦太先生、安关峰先生；欧阳剑、杨辉、唐芬玲、练东成、钟东江等人也参与了文中优秀案例的编选并提出了建议；谢家琪、卢德健、张远威在本书出版过程中给予了帮助与支持；黄丹霞在全书的修改与校稿方面提供了无私帮助，在此谨表谢意！

在本书出版过程中，得到了广州市智慧城市发展促进会的大力支持，也为今后撰写"智慧城市发展报告"，举办智慧城市发展研讨会、论坛或展览会等奠定了基础。

本书参阅了国内外有关文献及网站、微信、微博等相关资讯，并引用了大量案例情景。受篇幅限制，恕不能在文中全部列出，在此一并致谢！主要参考文献均列入书末。

由于作者水平有限，撰写和编辑出版的时间较短，加之所涉领域甚多，书中难免有不足之处，恳请读者不吝指正。

赵灵智　崔成江
2015 年 3 月 28 日

目　录

智　慧　篇

内 涵 篇

案 例 篇

内容介绍

自 20 世纪 90 年代提出"智慧"概念以来，全球智慧城市建设加快，智慧城市建设成为了全球城市发展的战略选择、城市竞争的制高点。美欧日韩等国家纷纷加大智慧城市建设力度，开辟了城市发展的新模式。随着我国城市化进程加速，城市压力进一步增大。智慧城市作为城市发展的内在现实需求，成为催生城市信息化的新浪潮。

《智慧城市——人类蜕变的加与减》(简称智慧城市读本)以科普读本的形式形象生动地描述了智慧城市的建设与特点、前景与未来等核心内容。全书共十八章，分三个部分。第一部分重点从智慧城市的背景及其所涉及的政务、安全、交通、医疗、旅游、物流、制造、教育、能源、农业等内容进行了概述。第二部分围绕智慧城市的内涵展开，系统阐述了智慧城市的特征，即归纳为"五化四特征一目标",解释了中国智慧城市的核心理念和总体思想,并提出和设计了智慧城市的建设架构。第三部分对当前国内外正在规划和建设智慧城市的国家或城市如美国、欧洲、日本、新加坡、北京、上海、广州、武汉、海南等典型案例进行了汇总和描述。

　　本书图书分类为科普读物/城市管理。编写中力求观点前瞻,深入浅出,图文并茂,点面结合,注重理论研究和实际案例相结合,具有一定的学术价值和社会意义。可供政府、企事业单位、行业协会等相关人士阅读,也可供高等院校信息技术、计算机和城市规划等专业的师生参考。

导　读

本书展示的范围

　　"智慧城市"的定义已经有很多了，我们在本书的三个篇章内容里都有介绍。

　　假定您是初次了解"智慧城市"，可以将本书设定为科普或者资讯类读本。"智慧城市"在本书不同的章节都有不同侧重的描述，包括案例、情景描述和内涵解析等。

　　如果您已经接触并了解"智慧城市"，甚至是这方面的专家，那么这本书，您可以作为"智慧城市"比较研究和相关信息汇编。特别是在"智慧城市"特征介绍方面，有较为详细的分析和归纳，具有一定的指导性。

　　当然，我们还会在此基础上进行深入的专题研究，择机撰写如"智慧制造""智慧农业""智慧医疗"等研究前沿或实践标杆相关内容。

　　为了更好地为读者展示有趣、丰富、恰当、准确的内容，我们在本书章节上做了些调整，将趣味故事、情景描述放在第一篇；第二篇是"智慧城市"十大特征及内涵部分，具有一定的指导性；在第三篇里汇编了大量的国内外"智慧城市"建设案例，供有兴趣者参考。可以说，此书可以供政府机关与企事业单位人员、在校学生及科技爱好者阅读。

如何阅读这本书

如果读者希望学得快一些，或者没有足够的时间和耐心读完这本书，那么您可以只读完第一篇，这些是本书内容的基本部分。

如果你的时间略多一些，或者对第一篇中的情景描述有了些兴趣，那么，您可以跳过第二篇，直接看看第三篇的国内外各城市建设案例。

如果您喜欢阅读，那可以浏览全书，这会让您对整个内容有较为系统的了解，在阅读中，不知不觉地掌握了我们提供给您的全面信息。

本书里还有一些值得读者思考和分析的内容，特别是工作方法和解决思路。当然了，这本书是初级读本，细细读下来，既可了解书中的趣味故事和知识点，又可开拓思路。

建议读者一边阅读一边对比，思考甚至是反思智能化将会给人类带来哪些深刻变革和危害，即人类睿变的加与减，继而能为自己所在的城市、社区去畅想或谋划，把这些思考结合到自己的学习、工作和生活中。这当然是我们的期盼了。

第一章 智慧城市的蓝图

智慧城市是这样来的

表1 智慧城市的产生与发展

1992 年,新加坡制定 IT2000-智慧岛计划(1992—1999 年),全球智慧城市的萌芽

2006 年,新加坡启动了具有重要战略意义的"智慧国 2015 计划"

2007 年,《欧洲中等智慧城市排名》报告发布,第一次直观诠释了智慧城市

2009 年,美国 IBM 公司提出"智慧地球"概念	2009 年,美国迪比克市建设美国第一个智慧城市	2009 年,欧盟委员会提出建设智慧城市具体计划;日、韩等国提出智慧城市建设计划

2010 年,宁波市成为我国在政府层面上第一个提出智慧城市建设的城市

2014 年,国家发改委、科技部、住建部等八部委联合发布《关于促进智慧城市健康发展的指导意见》,这是国家首次就智慧城市出台全局性指导意见

智慧城市初印象

想象一下,未来城市是什么模样?人们携带的传感器可以将健康数据实时传送给医生;汽车能够实时感知前方交通状况,自动调整行驶路线和速度;控制中心的服务器能自动调整交通信号灯并进行切换,能调整交通事故和拥堵地区周边的车流量,可为救护车提供快速有效的导航服务;供热系统和照明系统会给我们提高能源利用率的建议;智能照明具有自学习功能,可根据个人习惯自动调整灯光亮度;机器与机器可直接对话;沿海地区的监测仪可自动做出响应,将台风、海啸信息传输给不同政府部门……

没有人能真正准确描述出未来城市的生活情景。目前,全世界约一半人口生活在城市里,预计至 2050 年,这一比例将上升到75%,是时候该思考了。

情景一: 语音响起,"牛奶没有了,苹果也只剩下 4 个,请主人及时补充。"这不是钟点工给户主的留言,而是冰箱和主人之间的信息交流。发一条信息,窗子能够提前打开,让公寓透气;家里的电视机、节能灯、电冰箱、摄像头也能远程操控……

提前开启车库、汽车、空调;坐在办公室遥控家里煮饭、清洁卫生、开窗;轻点冰箱旁的餐桌,当天的新闻就立刻显示在桌面的显示屏上;通过数字餐台,可以与酒店对接预订餐位……这一切在"智慧城市"里都显得那么平凡。

"智慧城市"是"智慧地球"的"落地版"。在计算机、网络和通讯技术的支撑下,地球将变得更小、更扁平、更智能。未来 20 年,将会产生约 500 个新城市;而随着人口增长、气候变化,人们对城

市基础设施的要求越来越高，希望能够建立更安全的居住环境、优质的学校教育、合理的房价、便利的交通、完善的医疗系统……这就是"智慧城市"的具象。

当然，"智慧城市"的内容远不止此。完善高效的公共服务，无死角全时段营销的商业活动，简单便捷的商务办公以及医疗、教育、旅游、交通……未来高品质的智慧城市生活愿景更广阔、更美好。

情景二：韩国一个地铁站的月台，摇身一变，扮演了超级市场的角色，为地铁乘客提供日常百货。踏入地铁站月台，犹如走进一个现代超级市场，一排排陈列柜上摆满了各类货品。

地铁月台人潮涌动，怎么安放百货陈列柜呢？别误会，这不是人们常见的超市，这是一家虚拟超级市场，那些陈列柜和货品都只是一张张色彩鲜艳的图片。

在该地铁月台候车处的方形柱子上，以及隔离地铁轨道与候车处的玻璃屏蔽门上，布满了近千种日用品的图案，其中有牛奶、苹果、大米和书包等，还有电子产品、办公用品和化妆品等。每种货品图案上都有商品条码，乘客只需拿起手机，扫描条码，就可以预定货品了，晚上回到家，货也已送到。

情景三：民众通过手机或电脑网络下单购菜，收到短信提醒后，下楼用智能卡刷开"电子菜箱"即可拿到新鲜蔬菜，如同报箱取信一般。

"电子菜箱"业务立足于家庭生鲜农产品供应，利用现代化的信息手段和农产品流通供应链，实现农产品产销直达(生产基地到消费终端)的运营模式。这种直供模式集农产品种植与采摘、分拣与加工、仓储与配送于一体形成完整的生产和服务产业链，以B2C电子商务平台为核心，整合信息管理，实现全新生鲜购买体验。只要通过注册会员、网上订购或电话订购、在线支付,便可实现上午订菜,下午取菜。由于减少了经营场所和经营环节等费用,网上菜价比超市至少便宜两成。

情景四:长期以来,垃圾分类处理完全靠手工完成。德国发明的最新的压缩式垃圾车,配备有高技术垃圾分拣系统,并由机器承担全部的垃圾分拣工作。该车设有 13 立方米的垃圾车厢,可以容纳 8 吨垃圾,且密闭性良好,可防止运输途中异味飘散。同时,机器安装了高分辨率的光谱检测仪后,用光源照射垃圾,由传感器记录下垃圾的反射光谱,通过计算机分析光谱后确定以何种方式处理垃圾并控制安装在传送带上的喷嘴,靠高压气体将传送带上的各种有用物质吹到旁边安放的收集容器内。除了实现废弃物的分类、回收、再利用外,还可通过安装不同的传感器,把玻璃、金属、纸张等挑拣出来。该套系统每小时可分拣处理 30 吨垃圾。

智慧城市的诞生不是凭空臆造,而是具有深刻的现实背景、建设背景、技术背景和政策背景,其提出与发展也经历了较长时间与过程。

智慧城市现实背景

第一,智慧城市的诞生是应对后金融危机时代、提振经济信心以及寻求新的经济增长点的时代需求。目前全球经济大环境不是太优越,于是世界各国纷纷提出了建设"智慧国家""智慧城市"的发展战略,通过进一步加大投资并带动相关产业的发展来促进经济的复苏和发展。

第二,智慧城市的诞生是解决当前众多城市病的现实需求。

随着经济社会的不断发展,城市化也快速发展,诸如人口膨胀、能源短缺、环境污染、交通堵塞等城市病日益突出,城市正面临着前所未有的可持续发展挑战。在此背景下,具有透彻感知、泛在互联、高效协同、创新应用、和谐发展等特征的智慧城市理念已成为解决城市发展问题的理想选择。

第三,智慧城市的诞生是人们追求美好生活及展示智慧成果的自然需求。在信息技术及经济社会不断向前发展情况下,智慧城市的提出是人们对城市建设与发展寄予的新期望,更是人们不断创造价值、追求美好生活的现实需求。

智慧城市建设背景

在城镇化带来经济贡献的同时,"城市病"的病症也随之加重。在此背景下,智慧城市建设被视为一剂治病"良药"。

智慧城市建设可以分为三个阶段:第一个阶段是智慧化基础设施的建设,主要包括物联网建设、互联网建设、云计算中心建设、城市公共设施的数字化建设等;第二阶段是融合的智慧城市建设阶段,实现不同领域的城市基础服务信息的互联和互动,以形成泛在的城市服务;第三阶段是智慧城市的内生发展阶段,实现更透彻的感知、更广泛便捷的互联互通、更深入的智慧化发展。

智慧城市技术背景

一是感知技术的快速发展。近年来,自动识别、传感器、条形码、遥测遥感、无线传输等感知技术快速发展并广泛应用。

二是网络技术的快速发展。移动通信与互联网等技术快速发展。

三是支撑应用技术的快速发展。目前,云计算、智能技术、信息技术等也快速发展。

智慧城市政策背景

近年来,国外很多国家或地区陆续出台了一些关于智慧城市建设、智慧产业等方面的政策,力争在新一轮城市竞争中占据制高点,中国也不例外。

表 2　近年来中国各部委出台的智慧城市建设、
智慧产业等方面的政策、意见

发布时间	名称	发布机构	备注内容
2012.01.29	国家智慧城市试点创建工作会议	工信部	公布首批智慧城市试点名单,共 90 个城市
2012.12.05	《国家智慧城市试点暂行管理办法》	住建部	智慧城市建设是贯彻党中央、国务院关于创新驱动发展、推动新型城镇化、全面建成小康社会的重要举措
2012.12.05	《国家智慧城市(区、镇)试点指标体系(试行)》	住建部	智慧城市发展规划纲要及实施方案的完整性和可行性
2013.02.05	《关于推进物联网有序健康发展的指导意见》	国务院	发布组织 10 个物联网发展专项行动计划
2013.05.03	《住房城乡建设部办公厅关于开展国家智慧城市2013 年度试点申报工作的通知》	工信部	2013 年 8 月 5 日公布第二批试点名单共103 个城市

续表

发布时间	名称	发布机构	备注内容
2013.08.08	《关于促进信息消费扩大内需的若干意见》	国务院	正式提出要在有条件的城市开展智慧城市试点示范建设
2013.11.05	《关于印发2014中国旅游主题年宣传主题及宣传口号的通知》	国家旅游局	"美丽中国之旅——2014智慧旅游年"成为2014年旅游宣传主题
2013.03.14	《智慧城市时空信息云平台建设试点技术指南》	国家测绘地理信息局	包括太原、广州在内的9个城市列入时空信息云平台建设的全国试点工作
2014.01.09	《关于加快实施信息惠民工程有关工作的通知》	国家发改委、中央编办、工信部、财政部、教育部、公安部、民政部、人社部、国家卫计委、审计署、食品药品监管总局、国家标准委	重点促进社保、医疗、教育、养老、就业、公共安全、食品药品安全等九大领域信息消费
2014.01.09	《2013年中国信息化发展水平评估报告》	工信部	城市信息化水平排名
2014.01.14	《"十二五"智慧城市建设战略合作协议》	国开行、住建部	国家开发银行将在"十二五"的后3年内,提供不低于800亿元的投融资额度,支持中国智慧城市建设
2014.01.26	《中国国际智慧城市发展蓝皮书(2013)》	工信部、新华网	选取基础性指标、信息化指标、支撑性指标等三大类指标,根据全国城市GDP排名,选择前100名的城市,进行指数测算及排名

续表

发布时间	名称	发布机构	备注内容
2014.02	《2014年ICT深度报告》	工信部	全部副省级以上城市正在推进智慧城市建设
2014.03.16	《国家新型城镇化规划(2014—2020年)》	中共中央、国务院	智慧城市正式引入规划
2014.03.19	国家标准委将编制新型城镇化标准体系建设指南	国家标准委、住建部	明确"推进智慧城市建设",首次将智慧城市纳入国家级战略规划,代表着"智慧城市"建设正式成为国家行为
2014.04.28	《关于加快推进城市公共交通智能化应用示范工程建设有关事项的通知》	交通部	确定在太原、石家庄等26个城市开展公共交通智能化应用示范工程建设
2014.06.12	《关于同意深圳市等80个城市建设信息惠民国家试点城市的通知》	国家发改委、财政部、中央编办、工信部、教育部、公安部、民政部、人社部、卫计委、审计署、食品药品监管总局、国家标准委	发改委对智慧城市建设支持政策的落地
2014.06.20	《中国智能电网与智慧城市发展研究报告》白皮书	国家发改委	推进智能电网的发展战略,将智能电网打造成具有全球优势的产业
2014.08.22	《关于开展国家智慧城市2014年试点申报工作的通知》	住建部、科技部	第三批试点申报开始
2014.08.27	《关于促进智慧城市健康发展的指导意见》	国家发改委、工信部、科技部、公安部、财政部、国土资源部、住建部、交通运输部共8部委	到2020年,建成一批特色鲜明的智慧城市

续表

发布时间	名称	发布机构	备注内容
2014.12.23	《中国国际智慧城市发展蓝皮书(2014)》	国家发改委、工信部、科技部、公安部等25个中央单位	北京、上海、深圳、广州、重庆等城市位居中国智慧城市百强前列
2014.12.29	《国家新型城镇化综合试点方案》	国家发改委、中央编办、公安部、民政部、财政部、人社部、住建部、农业部、人民银行、银监会、国家标准委共11个部门	通过综合评审,将江苏、安徽两省和宁波等62个城市(镇)列为国家新型城镇化综合试点地区,并制定各地试点工作要点
2015.04.07	《关于公布国家智慧城市2014年度试点名单的通知》	住建部、科技部	1.国家智慧城市2014年度试点名单;2.国家智慧城市2014年度专项试点名单

　　2014年11月15日,由工信部信息化推进司指导、智慧城市杂志社等主办的第二届中国智慧城市建设创新交流大会在厦门召开。大会评选出"2014中国十大智慧城市",分别为北京、上海、杭州、厦门、天津、温州、锦州、咸阳、威海、宁波。《中国智慧城市发展水平评估报告》显示,北京、上海、广州、深圳、天津、武汉、宁波、南京、佛山、扬州、浦东新区、宁波杭州湾新区的智慧城市发展处于全国领先水平;重庆、无锡、大连、福州、杭州、青岛、昆明、成都、嘉定、莆田、江门、东莞、东营等紧随其后;沈阳、株洲、伊犁、江阳等处于初始阶段。2014年1月7日,广东省府办公厅发布了《推进珠江三角洲地区智慧城市群建设和信息化一体化行动计划(2014—2020年)》(粤办函〔2014〕524号),明确规定将建9个世界级智慧城、搭3个一体化平台和建16项智慧工程。

2014 年 11 月 8—9 日，中国城市和小城镇改革发展中心在广州举办了"2014 中国城市可持续发展国际高层论坛"暨"智慧与低碳"论坛大会，该论坛旨在贯彻落实《国家新型城镇化规划（2014—2020）》和国家发展改革委等 8 部委于 2014 年 8 月颁布的《关于促进智慧城市健康发展的指导意见》的精神。论坛探讨了如何通过政府引导、市场主导的方式推进中国智慧城市发展，以实现以人为本和低碳、绿色、可持续的城市发展目标。

2015 年 1 月 24 日，全国首部《中国智慧城市惠民发展评价指数报告（2014 版）》在北京发布。该报告通过创建智慧城市惠民发展评价指数，对我国智慧城市惠民服务的现实情况进行了系统量化监测及评价，进而有效地推动了我国智慧城市建设健康有序的发展进程。

智慧城市离我们还有多远

"智慧城市"运用信息和通信技术手段，感测、分析、整合城市运行核心系统的各项关键信息，从而对包括民生、环保、公共安全、城市服务、工商业活动在内的各种需求做出智能响应。智慧城市实质是利用先进的信息技术，实现城市智慧式管理和运行，进而为城市中的人创造更美好的生活，促进城市的和谐、可持续发展。

智慧城市将如何提供高超的管理技能和精细的服务呢？当我们上班出门前，按一下手机，小汽车自动从车库行驶至家门前接你上班，路况实时显示在导航图上；若身体略有不适，血压、心率等指标自动传送给私人医生，不用去医院，处方回复到了手机或邮箱，并提醒应该注意的事项。这是未来的智慧生活。

如此便捷、舒适的生活，何时才能真正实现？智慧城市距离我们究竟还有多远？

2008 年，国家提出打造"智慧城市"概念，各地便掀起新一轮城市化重点工程建设。截至 2015 年 2 月底，全国已经有 400 多个城市宣布建设智慧城市，覆盖东、中、西部地区，约为全国地级以上城市总数的 60%。这意味着智慧城市的建设号角已经从概念走向落地，从试点走向普及。

智慧城市已成为城市发展的一种新模式。智慧化是继工业化、电气化、信息化之后，世界科技革命又一次新的突破，在推进新型城镇化过程中更具引领作用。新型城镇化是未来 10 年甚至更长一段时间内推动我国经济社会发展的重要战略，其建设过程必须解决几个重要问题：由以土地为中心向以人为中心转变；由扩大城市面积和数量向提升城市质量转变；由条块分割的城市管理模式向共享协同转变；大力推进基础设施和基本公共服务的均等化。而移动互联网、云计算、大数据等新一代信息技术的发展和融合，大大增强了政府及相关机构提供公共服务的能力，降低了服务成本，也使公共服务均等化成为可能。

为推动智慧城市的到来，住建部于 2013 年在全国 193 个城市的区、县、镇开展首批国家智慧城市试点工作。通过 3 至 5 年，对其进行再评估，并根据评估结果，由低到高分别授予一星、二星和三星称号。

在此政策引导下，全国各地"智慧城市"纷纷登场亮相。由于各城市的侧重点不同，加之城市大小不一、组织方式不同，我国智慧城市建设呈现出了不同的智慧系统，可谓争奇斗艳，异彩纷呈。

在国内，沈阳重点推动老工业基地的转型；杭州建设绿色宜居之城；重庆建人文健康之城；天津建国际信息化港口；北京建世界城市；宁波强化"智慧港口"的建设，重点推进港口物流产业链和智慧贸易产业链的发展；上海把智慧城市的建设作为创新驱动、转型发展的重要手段；深圳将建设"智慧深圳"作为推进建设国家创新型城市的突破口，已被有关部委批准为国家"三网融合"试点城市，组建了华南地区的物联网感知认证中心。数据显示，我国"十二五"期间，智慧城市建设将拉动1万亿元规模的投资。

作为智慧城市建设的一个基本单元，智慧交通在一些城市初具雏形。当你走进广州、深圳统一建设的公共网络管理平台，可在大屏幕上看到各条道路上车辆行驶的实况、人群行为的动态，还能查询任意历史时刻的记录。这就是路途监控摄像提供的素材，该平台安放了几十万个视频监控点，位列全国城市公共平台之最。

这些监控点是怎样把视线之外的情景传送到眼前屏幕上的呢？事实并没有人们见到的那么简单轻松。视频监控装置里有多个监控头，监控头中设置了各种各样的传感器，这些传感器如同人的眼睛、鼻子、耳朵，接触光、气味、声音等不同的信息后，再把不同信息进行转换传输，最后把各种信号又转换成光信号，显示在屏幕上。于是，你才能见到眼前的这一幕幕交通实况。

然而，这仅仅是智慧城市建设的一个公共管理初级子系统。智慧城市，至少还包含电力调度监控管理系统、通信资源管理系统、电视设施监控管理系统、供水监控管理系统、排水监控管理系统、供热供气监控管理系统、环境污染监控系统、气象监控系统、卫生防疫监控管理系统、城市建筑安全监控系统等最基本的系统。

智慧城市建设绝非轻而易举之事。在市政应急指挥方面，消防集中监控管理系统、民防设施监控管理系统、基础地理信息系统、政府市民求助中心系统等，无疑也是智慧城市建设不可或缺的组成单元。若从由上而下的行政角度看，智慧城市从城市整体到区、县、镇、社区，可进行组网；若从行业角度看，有交通、通信、电力、燃气、医疗、教育等。纵向的行政和横向的行业交错编织，而且各地、各行业技术手段和方法不同，还需要有统一的接口对接，方能形成智慧城市网络的巨系统。这种网络最终与每一个家庭和个人畅通相连，才能实现真正的智慧管理和生活。

可想而知，智慧城市系统有多复杂，技术难度有多大，距离我们就有多远。人们眼下所见所闻，仅仅是智慧城市局部发展的第一步。

智慧城市的美丽景象，让我们憧憬，引领我们前行，但由于"智慧城市"是一个新的概念，其发展还是处于探索阶段，国家层面的智慧城市建设标准不健全、顶层设计薄弱，各个城市的智慧化建设也处在"摸着石头过河"的状态。近年来，我国的智慧城市在发展过程中，也出现了不尽如人意之处，有些地区思路不清晰，盲目建设、重复建设；有些地区甚至出现了网络安全隐患，整体上繁荣但杂乱无章。

智慧城市是一个复杂的巨大系统，需要构建一个个模块，由模块连接为一个个子系统，并一层一层升级联网，不可一蹴而就。只有当模块、子系统构建完善后，实现互通互联，参与者能进行和谐高效的协作，才能达到智慧城市的终极目标。

为推进智慧城市健康有序发展，国家发改委、工信部、科技部、公安部、财政部、国土部、住建部、交通部等8部委联合发布了《关于促进智慧城市发展的指导意见》，指出智慧城市要走集约、智能、绿色、低碳的新型城镇化道路，发挥市场在资源配置中的决定性作用，加强和完善政府引导，统筹物质、信息和智力资源，推动新一代信息技术创新应用，加强城市管理和服务体系智能化建设，积极发展民生服务智慧应用，强化网络安全保障，有效提高城市综合承载能力和居民幸福感受，促进城镇化发展质量和水平的全面提升。

智慧城市能带来什么

智慧城市就是要通过互联网、物联网、大数据、云计算等先进技术为市民提供更好的生活和服务方式，开启智慧生活。

案例情景：

智慧生活方式将逐渐走进更多市民的生活当中。

在不远的将来，教学模式将发生巨大变化，教师可以使用远程教学上课，学生可以通过教学平台预约上课时间，任何地方均可参加学习。

外出游玩不再需要担心路线，因为无人驾驶的汽车能根据目的地，智能地选择驾驶速度及行驶路线。

"温饱"也不再是问题，因为云计算的"内心"感应技术可以探测到人们的感觉，将食物衣物送至手边，甚至根据特定场景提供优质服务。比如，在商务宴会上，该技术不仅能让出席者"衣食无忧"，还能随时告知商务礼仪以及其它注意事项。

智慧城市有助于实现社会服务均等化，带来便捷的数字化生活，而智能可视的城市运行管理网络也为城市管理提供了技术保障。此外，智慧城市建设也是推动经济创新以及智慧产业发展的核心动力。

智慧领域涉及民生、环保、经济等诸多方面

如今我们足不出户就可以享受智慧医疗，出行之前可以通过信息终端了解交通状况；一卡在手就可以将生活中的水电、煤气、物业管理等费用通过电子系统支付。除了交通、电网、医疗等领域

之外,随着智慧城市建设的深入开展,智慧领域还将进一步拓展。

　　智慧领域的逐渐扩大与中国快速的城镇化建设是分不开的。2013年中国城镇化率为53.73%,城市人口的快速增长,城市压力的加大,迫切要求诸多领域在智慧城市建设中找到解决思路。

　　智慧环保是智慧城市建设中的重要领域。比如,污染重灾区或雾霾区域迫切需要实施对污染源全覆盖的环保网格化监管新模式,建设基础数据完备、应用系统信息集成度高的生态环境监控平台。

　　涉及视频监控、出入口控制(包括生物识别、停车场管理等)、防盗报警、楼宇对讲等诸多方面的"智慧安防"也进入了市民的生活。以家居安防为例,物联传感推出的基于ZigBee技术无线智能家居安防系统,通过安装门磁、窗磁,可以防止非法入侵;通过报警联动机制,小区保安可以及时接警、管理。这比传统家庭安防的被动红外探测器更为有效。

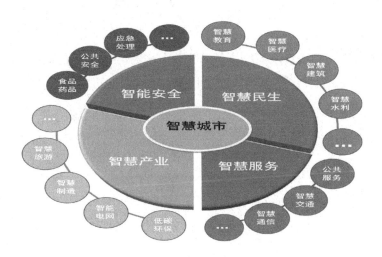

图1　扁平化、智能化的智慧城市

另外,城市郊区的智慧农业也将会成为亮点。通过物联网和互联网技术,可以实现蔬菜生产的温度调节、动物疫情的自动监测,还可以使得郊区农户与就近的市区市场对接。无锡市锡山区鹅湖镇的农民,在使用物联网智能控制管理系统养鱼后,平均效益增加 1000 元 / 亩以上。

让城市变得"聪明",并非科幻小说中的桥段,而是正在发生的现实变化。智慧城市是"智慧地球"的落地版,后者于 2008 年由 IBM 首次提出,即在计算机技术的支撑下,让地球变得更小、更扁平化、更智能化。

编者按: 智慧城市是城市发展的新兴模式,是经济转型、产业升级、城市提升的新引擎,体现了更高的城市发展理念和创新精神。智慧城市建设目标明确,即:增强企业经济竞争力,促进城市可持续发展,提高民众生活幸福感。

第二章　智慧政府

智慧政务

案例情景：张先生准备开一家餐饮店。他从工商部门领到营业执照后，"烦恼"却接踵而至：去卫生局办卫生经营许可证，工作人员让他提交营业执照；去环保局办"排放污染物许可"，办理窗口让他出示营业执照；去消防局申请"人员密集场所消防验收"，还是让他出示营业执照……整个过程，他先后共提交了7次执照。"还有一次因为没带营业执照，白跑了一趟！"张先生道出了心里话，"政府部门能不能想个办法，不要让我们把同一份材料交来交去？"

如今，全新的"政务服务中心"能够将其受理的相关行政许可、非行政许可审批和公共服务事项办理的过程和结果，公共资源交易的结果，法律、政策等咨询的答复，投诉、举报的结果反馈等信息进行归集，并全部存入基础数据库。政务服务中心办理相关业务时，系统将从数据库里自动获取相关资料，不需要办事人员反复报送。

这个智能化政务服务的实现，主要是"智慧政务网"的引入，它依托云计算、大数据、移动互联网等技术，将多个部门相关业务系统的事项受理、办理、查询、反馈"融为一体"，促进政府组织结构和工作流程的优化重组，实现了政府各部门之间各类信息的资源共享,打破各部门、各级政务"信息孤岛"的状态,实现了政务服务事项的"外网受理、内网办理、外网反馈、全程监察",让企业办事人员轻松享受到高效便捷的"一站式"受理和"一网式""一点通"服务。

"智慧政务中心"的全程留痕、可溯可查功能,也让效能监察更加实时化、精准化。以往递交纸质材料,窗口人员可以随意不通过审核,甚至故意刁难办事人员。如今,每次提交材料,系统都将记录留痕,超过两次不通过,电子监察系统就会自动报警。

在台湾,每年5月份是个人缴税的日子。过去民众往往要花上一天时间,在一长串人龙中苦等,才能完成报税工作。但现在有了集税务、金融交易、户籍信息于一体的网络报税系统,民众输入户籍数据,只要5分钟,就可完成报税及缴费工作。目前已有6成民众利用该报税系统进行报税。

过去政府机构间传递公文,靠人工邮寄需3至5天才能送达,但现在一律改为电子公文传送后,从发布到各地承办人收到公文,只需5到30分钟,政府办公效率更高。

1. 智能办公

在智能办公方面,采用人工智能、知识管理、移动互联网等手段,将传统办公自动化(OA)系统改造成为智能办公系统。系统有自动提醒功能,如待办件提醒、邮件提醒、会议通知提醒等,公务员不需要去查询就知道哪些事情需要处理。智能办公系统可以根据待办事项的重要程度、紧急程度进行排序,并依次按顺序执行。同时智能办公系统还具有移动办公功能,公务员随时随地可以上网办公。智能办公系统集成了政府知识库,使公务员方便查询政策法规、办事流程等,参考他人的工作经验。智能办公系统对公务员的办公行为有记忆功能,能够根据公务员的职责、偏好、使用频率等,对用户界面、系统功能等进行自动优化,大幅度提高办公效率。

2. 智能监管

在智能监管方面,智能化的监管系统可以对监管对象进行自动感知、自动识别和自动跟踪。例如,在主要路口安装具有人脸识别功能的监视器,就能够自动识别罪犯、逃犯等;在服刑人员、嫌疑犯等身上植入生物芯片,就可以对他们进行追踪。智能化的监管系统可以对突发性事件进行自动报警、自动处置等。例如,利用物联网技术对山体形变进行监测,可以对滑坡进行预警。当探测到火情,建筑体就会立即自动切断电源。智能化的监管系统可以自动比对企业数据,发现企业偷逃税等行为。智能化的移动执法系统可以根据执法人员需求自动调取有关材料,生成罚单,以便于执法人员执行公务。

3. 智能服务

智能服务系统能够自动感知、预测民众所需,为民众提供个性化的服务。例如,如果某个市民想去某地,智能交通系统可以根据交通情况选择一条最优线路,并给市民实时导航。在斑马线安装传感器,当老人、残疾人或小孩过马路时,智能交通系统就能感知,适当延长红灯时间,保证这些人顺利通过。政府网站为民众提供场景式服务,引导民众办理有关事项。

4. 智能决策

智能决策体现在采用数据仓库、数据挖掘、知识库系统等技术手段建立智能决策系统。该系统能够根据领导需要自动生成统计报表，开发用于辅助政府领导干部决策的"仪表盘"系统，把经济运行情况、社会管理情况等形象地呈现在政府领导干部面前，使他们可以像开汽车一样驾驭所赋予的本地区、本部门职责。提高各级政府公共服务能力，真正做到为人民服务。

> **编者按**："智慧政务"建设能够促进服务型政府建设，从而为社会转型提供更有利的条件。以电子政务为代表的"智慧政务"将以信息化手段进一步提高政府工作效率，提高各级政府公共服务能力。通过智能化公共服务平台建设，能有效提升政府决策水平、提高政府公共服务质量，加快推进智慧城市及产业发展，促进智慧城市发展战略的顺利实施。

智慧市政

案例情景：路见不平，市民不需要依次将照片发送给相关部门的官微，而是可以通过一款新型软件直接发给职能部门的处理平台。若是大雨突降，一套监控设备将昼夜不停地监测地下排水能力，及时预警积水隐患。

市民"随手拍"数据采集实行后，一部普普通通的手机，将变成一台"报警器"。用手机下载一个软件后，不管是专业的巡查人员，还是普通市民，遇到下水道井盖松了、垃圾成堆、小商贩挤占城市道路等问题，拍了照片就可以直接传给职能部门。拍摄照片后打开这款管理软件，简单输入几句描述的话，再点击"邮件上报"，两三秒后，相应的文字和照片信息就会立刻出现在后台网络中心。和微博相比，后台网络中心要比微博客户端的功能更强，也更直接，相关部门处置的效率也会更高。

编者按：智慧市政管理,依托已有的技术沉淀和深厚的行业经验,通过全面感知和智能化管理的发展战略,提高城市突发事件的快速反应能力,确保城市运行安全、平衡、有序;提升政府服务管理水平,加快产业结构调整,实现经济方式转变,最终实现让城市更加"智慧"的美好愿景。

第三章　智慧安全

智慧公共安全

平安城市是智慧城市建设的主要模块之一,云计算和物联网作为智慧城市的大脑,是平安城市建设的核心。

物联网(The Internet of Things),即通过射频识别(RFID)、传感器、全球定位系统、激光扫描器等信息传感设备,按约定的协议,把任何物品与互联网连接起来,进行信息交换和通讯,以实现智能化识别、定位、跟踪、监控和管理的一种网络,通俗地说就是可实现"感知世界"的网络。

物联网让城市安防变得智能

物联网技术的普及应用,使得城市的安防体系从过去简单的安全防护系统向城市综合化体系演变,城市的安防项目涵盖众多的领域,有街道社区、楼宇建筑、银行邮局、道路监控、机动车辆、警务人员、移动物体、船只等。特别是针对重要场所,如:机场、码头、水电气厂、桥梁大坝、河道、地铁等,引入物联网技术后可以通过无线移动、跟踪定位等手段建立全方位的立体防护。

如今的安防体系已然是兼顾了整体城市管理系统、环保监测系统、交通管理系统、应急指挥系统等应用的综合体系。特别是车

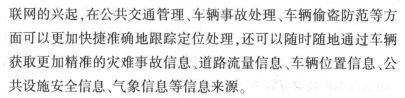

联网的兴起,在公共交通管理、车辆事故处理、车辆偷盗防范等方面可以更加快捷准确地跟踪定位处理,还可以随时随地通过车辆获取更加精准的灾难事故信息、道路流量信息、车辆位置信息、公共设施安全信息、气象信息等信息来源。

南京搭上了智慧城市的发展快车,市公安局利用云计算技术,成功建设了高性能道路图像监控数据存储和计算平台。该平台适应海量数据处理,从现有的 6 个数据分中心获取和汇聚道路监控数据,具备集中式的道路监控数据管理功能,为开展各种车辆监控数据应用提供海量数据存储管理和计算服务,还可以快速反应以提高公共事件的处理速度,保障公共安全。

在美国,纽约市启用了"犯罪活动实时监测中心"系统。该系统能够迅速查询数百万条来自纽约警方内部不同部门的信息,通过结合地理信息系统,对不为人所注意的数据进行分析,并以最快的速度将各类信息提供给数万名纽约警察。

这些数据包括数百万纽约州犯罪记录、假释和缓刑的档案,近千万条纽约市的刑事控告、逮捕记录,以及过去 5 年内报警电话记录,此外还包括数百亿条公共记录。

有了这套系统后,纽约警方不仅仅能对紧急事件和事后的犯罪活动做出响应,而且还可以通过分析和预测,努力预防这些事件和活动的发生。在这个过程中,他们借助自各种配备仪器、设备及对象的数据,通过智能系统对这些繁杂的信息进行管理,以便发现各种情况并立即采取行动。该系统很好地满足了公共安全部门对于犯罪数据整合的需求,它可以对来自不同数据源的犯罪数据进行实时分析和解释。通过给犯罪现场提供即时的、高质量的、定位准确的各种信息,从而帮助警方做出最佳的判断。

同样地，FirstNet 是美国建立的一个全国性的无线宽带网络，该网络在处置突发事件时可有效保障警察、消防队员、医疗人员以及其他现场应急响应人员之间高效、顺畅、及时的沟通，并能利用新技术提高响应效率，保持社区安全。

FirstNet 利用 700 MHz 的频率实现全美范围内的广泛覆盖，部分偏远地区利用卫星覆盖，以提供全国性的、完全互操作的数据和视频传输服务。公共安全部门能对网络进行完全控制，确保公共安全的网络"主权"。在大多数突发事件发生时，可以由公共安全部门授权安排优先使用。即使是在条件最为恶劣的情况下，FirstNet 也可为第一响应人员提供全国性的、高速的宽带网络。这一网络犹如一个力量倍增器，通过强化协作致力于拯救更多的生命、保护财产和快速打击犯罪。

广东协联科贸发展有限公司开发了一个网腾智慧社区服务平台，其中的智能安防监控模块，采用高压缩化、高清晰、网络化视频监控技术，结合语音智能化导航技术、视频/图像识别技术，并融合通信技术，可实现高效的社区安防监控及快速响应。通过视频通信技术可提供第一手的现场视频，为报警侦查提供第一手的资料。

编者按：智慧城市的公共安全直接关系到城市安全、社会安全、政府安全等各个方面，一旦安全部分出现严重漏洞，后果将不堪设想。因此，建设以国产密码技术为基础的安全可信保障平台，提升各个公共安全机构之间的信息与情报共享能力尤为重要。通过改善规划、系统集成以及多方协作，从根本上解决智慧城市云平台的人或设备等身份的可信认证、敏感数据的私密性和完整性保护，以及对各种操作行为进行有效的责任追溯和认定，成为了智慧城市建设的当务之急。

智慧食品药品安全

案例情景:猪肉里到底有没有"瘦肉精"？未来，在购买猪肉后，小票上除了显示猪肉的品种、价格之外，还有一串数字追溯码，购买者只需在电子查询机上扫描小票携带的数字追溯码，即可查询与猪肉相关的养殖场、屠宰场、市场批发户、农贸市场摊主等信息。"瘦肉精"问题不攻自破。

肉类、蔬菜类的生产、批发、零售等流程也将完全实现电子流水线作业，买卖双方可以采用持卡交易、电子结算等。市民也可下载一个手机客户端，拍下追溯码并上传到客户端，即能查到所买肉、菜的"前世今生"。

菜肉流通追溯体系，是通过现代信息技术和物联网技术，利用溯源码实现监督的一项系统工程，可以实现菜肉流通各节点的电子化监管，如索证索票、购销台账等。一条完整监管链正在加速形成，初步实现了部分屠宰企业、批发市场和个别农贸市场零售摊点的肉品、菜品流通数据互联互通，来源可追溯，去向可查证，责任可追究。

目前，医药行业正面临伪劣药品泛滥的问题，而药品安全关系着千千万万民众的健康与生命安全，不可出现半点失误。有些不法分子在利益的驱使下，制造假药，危害消费者生命安全。结合现代社会看病难、医疗体系不健全等社会问题，假药的制造与销售无疑雪上加霜。

射频识别(Radio Frequency Identification, RFID)技术，又称电子标签，是兴起于20世纪90年代的一种自动识别技术，利用射频信号通过空间耦合(交变磁场或电磁场)实现无接触信息传递并通过所传递的信息达到识别目的的技术。

利用射频识别技术，在药品出厂时将 RFID 标签贴在包装上，使其成为药品不可分割的一部分。具有唯一身份特性的 RFID 电子标签，携带了从药品的生产、仓储、物流、批发与零售商、医院到医疗患者的全过程详细信息，通过智能化管理系统进行追溯与管理，可实现药品追踪、汇总、统计、查询、投诉、数据采集、信息分析、打印报表等全部流程的一体化业务管理。

每一个射频识别读写器可以通过 GPRS 或网络与服务器连接，在生产、仓储、流通和使用各个环节，有效地记录、跟踪和监控。当难辨真假时，只需一个 RFID 读写器即可读取药品信息，以验真伪。RFID 技术，可以做到事前防范、事中监督、事后处理的有机统一，实现监管工作的全覆盖。

溯源体系，带来的不仅仅是安全、便捷，还将推进社会规范化管理与服务。

案例情景:我国某农贸市场的价格采集员，每天清晨进行例行巡查时，手持 PDA 在摊主的 IC 卡上刷一下，则可显示出各种蔬菜鱼肉的信息，包括进货地点、时间、价格、数量等。信息采集完毕后，采集员将数据上传到市里的管理平台，当天全市菜肉的价格波动情况就清清楚楚了。

价格监管体系，是正在建设中的菜肉追溯系统的重要组成部分之一，不仅能够实现质量可追溯，而且能随时查阅菜肉的销量、流向、价格等信息，同时也能促进流通企业业务流程优化，推动连锁经营和现代物流、电子商务等发展。

编者按:以业务管理为前提、规范流程为依据、数据共享为基础和全程预防为目的的设计原则，实现了食品药品安全管理工作的规范化、制度化、标准化、信息化，形成反应敏捷、方法得力、处置快速、效果显著的应急体系，保障了食品药品的查询统计快速、信息发布及时、源头查处迅速，以便立即召回产品，迅速控制事态，最大限度地减少了问题食品药品对健康的危害。

第四章　智慧交通

城市交通的智慧管理是智慧城市建设的重要内容之一。

案例情景：德国柏林正在开展大规模的城市建设，由于柏林的各种政治、经济、文化和体育活动繁多，较多的城市交通问题也随之而生，仅凭传统的管理方法远远无法解决。因此，柏林建立了智慧交通管理中心网站，这个网站对所有市民开放，当地居民只要登录这个网站，就可以马上了解到此时此刻柏林各地的交通状况，如地图上显示街道呈绿色，表明该街道畅通无阻，而黄色则表明目前的车流量比较大，红色则表明现在正在堵车。

此外，市民还可以在该网站查询其他交通信息，比如哪个停车场还有多少停车位、飞机的起落信息、道路施工建设信息等。如果输入出发-目的地，系统能为市民制定一条合理的出行路线。此外，该系统还能为当地市民提供"个人交通预警"的短信服务，市民可把每天上下班的出发和终点地址通过短信传送给智慧交通管理中心，系统将自动在每天上下班前发送短信告知该路线的道路状况，包括是否堵车、是否有施工建设等信息，并推荐合理的出行路线，节省了时间，方便了工作和生活。而且，系统提供的短信服务是完全免费的。

在美国迪比克市，利用射频识别技术追踪现有公交路线的载客量，提高城市公共交通系统的运行效率和服务质量。借助数百名志愿者乘客的帮助，公共交通系统从识别标签中获取乘客上下车的时间、地点以及所采用的何种公共交通工具等数据,有助于乘客更好地规划交通路线,也有助于交通管理部门分析现有数据,更合理高效地改善公共交通服务水平。交通管理部门通过周期性分析、评估全体乘客数据,可以更合理地决策并调整公车和地铁的运行路线、巴士载客量、调度频率等,客流量大时增加巴士车,客流量小时选用较小的巴士。在不同时间段确保适当大小的巴士得到充分利用,做到既满足乘客需要又节省燃料,尽可能实现高效便捷、智慧节能的目标。

编者按:智慧交通将先进的信息技术、数据通讯传输技术、电子传感技术、卫星导航与定位技术、电子控制技术及计算机处理技术等有效地集成运用于整个交通运输管理体系,建立起一套大范围、全方位、实时、准确、高效的综合运输和管理系统,其目的是使人、车、路密切配合达到和谐、高效、统一,发挥协同效应,极大地提高交通运输效率,保障交通安全,改善交通运输环境,提高能源利用效率。

第五章　智慧教育

智慧教育，是指通过利用云计算、虚拟化、互联网和物联网等新技术，将学校的教学、科研、管理、校园资源和应用系统进行整合，从而实现智慧化服务和管理的校园模式。关于智慧教育，有这样一幅蓝图：无处不在的网络学习，融合创新的网络科研，透明高效的校务治理，丰富多彩的校园文化，方便周到的校园生活。

案例情景：目前有一家教育性非营利组织，利用网络视频方式向人们提供免费的高品质教育，涉及初中和高中的物理、化学、数学、英语等各科目。它们的创新课堂教学，就是用彩笔在电子触控面板上，记下图文并茂的板书，同时录制"旁白解说"，并将录像上传到网上，每一则录像约为10分钟。只需小小的一台互联网设备，智慧教学就变得轻而易举。学生们随处可学，不仅不用担心一次学不会而错过，还可根据自己的需求有选择地学习，这是许多人梦寐以求的学习方式。

除了教学系统外，该组织还开发了一种练习系统，用来记录学习者的练习过程。教学者通过查阅学生记录，可以了解学生对知识点的掌握程度。智慧教育使得教师教学和学生学习都事半功倍。

智慧教育以"物联网"技术为基础，实现物与物、人与物、系统与系统之间的无缝交互，因此，进行资源的有效开发与应用，实现装备设施与数字资源的充分融合，成为"智慧校园"发展的重中之重。目前，智慧教育在技术层面、应用层面或整合层面，都对参与者提出了更高的要求。

图 2　当地时间 2013 年 10 月 23 日,韩国首尔,
韩国 SK 电信发布智能教育机器人
图片来源:东方 IC

　　在国内,北京市作为教育创新的前沿,在"智慧校园"建设方面,进行了一系列卓有成效的探索和实践。在基础设施建设环节,北京整合了学生、教师、课外实践等大量资源。中小学生方面,北京建立了市、区(县)、学校三级的"中小学管理信息系统",已实现校校通、班班通。全市基础教育数据体系的建成为学生自主选课、学业质量监控、社会实践的实施与评估、综合素质评价等奠定了坚实的基础。高中阶段,北京率先建立起了"普通高中综合管理系统",此系统整合形成了"综合素质评价平台"和"新课程管理平台",目前已显示出其在引导和促进学生全面发展方面的积极作用。

　　教师方面,建立了"北京市教师研修网",它可以提供教师研修的个性化服务,使教师进行跨学校、跨学科、跨区域的交流变为可能。课外实践方面,创立了"北京市中小学社会大课堂",通过整合北京丰富的人文、自然资源,为学生提供丰富的课外实践资源。目前,已有市级资源数百家,市、区两级资源近千家。

在数字校园建设环节,建立了"数字学校",它以名师同步课程为基础,探索信息化时代虚拟学校与现实学校的无缝衔接。

上海市在教育信息化建设方面,建立了主干为千兆以太网的局域网络系统,通过电信宽带将几百所中小学校、上海市教育信息中心、区级教育局连接为一个整体。虚拟社区、电子书城、在线学习、教学资源点播、课件教学点播、网络考试、电子邮件、自动化办公等,这些资源通过网络沟通渠道实现了各学校的师生共享。该网络不仅能够完成一般意义上的校园信息管理,诸如学籍管理、成绩管理、教师管理等功能,而且高度集成了大量面向学习、娱乐和交流的模块与庞大的信息资源库,并与教师资源、学生资源有效地结合起来,形成一个统一整体。

在智慧教育建设过程中,需要关注基础设施、服务装备应用、资源与环境建设、多元化发展等各个层面,甚至需要引进和使用与学科相关的创新技术装备。诚然,探索的道路仍在继续,但是,实践的步伐正在不断加快。

编者按:大数据时代的教育创新是以变革工业时代的"教学工厂"、构建适应信息时代人才培养需要的教育模式为根本目标。智慧教育以物联网技术为出发点,涵盖了众多基础设施、各种应用服务系统、不同类型的应用人群等。智慧教育不仅仅是物与物之间的联系,更是人与物、系统与系统之间的无缝交互。智慧教育将是教育信息化发展的新阶段,是人文、科技与教育的高度融合,也将是信息时代教育发展的未来。

第六章 智慧医疗

远程诊断系统与电子病历

案例情景:大拇指按住心电监测仪左侧的两个电极,按下"开始"按钮,被监测者30秒内的心脏搏动情况便被记录下来。这看上去和一般的测心跳流程并没什么两样,但若顺手点击"上传"按钮,这份心电图便被传到社区医疗保健平台,2分钟后监测仪传来了医生的反馈信息:心律不齐,建议前往医院检查。

在"智慧医疗"系统里,用户只需输入用户名和密码,便能查看自己的健康档案,包括病例病史、平时监测结果等,并附有相关曲线图,可详细说明血压、心率、血脂等指标的变化情况。

医健通(eHealth)是香港特区电子健康记录合作计划的一部分。电子健康记录,也称电子病历,是一个以电子方式存储个人健康信息的系统,包含了个人的医疗记录和健康记录。这样方便医生快速掌握患者的全面信息,减少手写病历引起的失误,更有效地为患者诊断和提供合理的治疗方案,提高了工作效率。

由于电子健康记录提供了完整的健康和医疗记录,减少了患者重复化验和治疗的次数,既节省了医疗花费,又提高了医疗效率。同时,对于社会公共卫生部门,电子病历可以让他们及时掌握大众公共卫生安全状况,有利于对突发公共卫生安全事件做出快速准确的反应。

此外,香港医院管理局又推出了公私营医疗病历互联实验计划及电子健康记录互通系统,即在征得病人同意的情况下,无论私立还是公立医院均可查阅其电子病历。

手机"移动医院"

案例情景:通过手机挂号,病人提前两个星期就预约到了某医院的专家号,就诊后,用手机扫一扫条形码就看到了前一次的化验单,免去排队和往返医院的烦恼。这是宁波着力打造"智慧医疗"的一个缩影。

这种"移动医院",不仅将原有的网上服务(医院导航、自助挂号、化验结果查询等)全部移植到了手机软件中,还新增了智能导诊、健康档案、健康百科、健康课堂等功能。使用者只需在手机里下载安装一个应用软件,通过 APP 客户端便把健康档案和医疗服务带在身边。该系统除了提供化验单查询以外,心电图、CT、磁共振等原始报告也能够以图片格式供用户下载查看。针对绝大多数化验项目,系统还将提供化验单解读服务,对化验结果的临床意义及异常值进行分析。

在不久的将来,将打造成智慧城市健康数据库,得过什么病,吃过什么药,一查就一目了然了。

神奇"云医院"

案例情景:80 岁的崔大爷在某社区卫生服务中心拍心电图,并通过网络将检查图谱传送至一家三级甲等医院心电图科,由专家进行会诊做出诊断,再及时将诊断结果传回给原检查点,辅助

指导医生进行相应治疗。

远程心电会诊系统是未来智慧医疗的一个子项目,它将覆盖全区多家社区卫生服务中心、社区卫生服务站及高等级医院。

同时,高等级医院还推出了云技术医疗服务平台,为临床工作人员提供远程接入平台,无缝操作医院内部业务系统,真正实现医疗移动办公。不管走到哪儿,只要有网络,医护人员随时随地登录云技术医疗服务系统,即使不在医院,也可实时了解病人的所有数据及查看病情。这样的云技术医疗服务平台属国内首创。

通过云计算、云存储等技术,能建成市和县(区)两级卫生数据中心,实现区域内卫生信息的集中管理,以医疗卫生专网为纽带,构建智慧健康区域服务基地。

编者按:将物联网技术用于医疗领域,借由数字化、可视化模式,可使有限医疗资源让更多人共享。通过射频仪器等相关终端设备在家庭中进行体征信息的实时跟踪与监控,可以实现医院对患者或者是亚健康病人的实时诊断与健康提醒,从而有效地减少和控制疾病的发生或恶化。发展智慧医疗可以有效地解决医疗资源稀缺且分配不均的问题,实现资源的合理配置,改善资源短缺与浪费的情况,切实解决医疗效率低下、患者看病难和看病贵的问题。

第七章　智慧旅游

当驾车经过特定景点时,智能旅游信息服务系统将自动播放景点影音宣传片;多国语言信息导览站(KIOSK)会自动介绍当地景点及民俗风情,即时规划旅游主题及行程。

而且,游客还可以下载KIOSK的手机客户端或者租用一台免费的导览手机,犹如随身陪伴了一位私人导游,随时提供各种饮食和游玩方案。

台湾和福建鹿港等都是智慧旅游的成功案例。

信息服务系统实现了旅游设计、旅游全程和感受分享整个过程的智能化、网络化和便利化,不仅带动商圈活络,还增加了国际观光客人数,如来自东欧、非洲、南美洲等,让旅游变得更轻松。

智慧旅游体系建设

黑龙江通过智慧旅游项目——"智慧旅游无卡通"的建设与运营,已让越来越多的游客体会到智慧化带来的便捷。游客可在网上报名、选择路线、购票、支付,并在景点"智游宝·无卡通"标识的检票口,直接刷身份证进入景区,减少了大量的购票、换票、排队时间,门票价格也有所下降。同时,通过建立"长线-短线"模式,既为旅客提供线上票务服务,又为游客提供人流量、车位分布等动态信息,将游客感受提升到极致。这是智慧旅游建设的一个缩影。

图3 太阳能智能屏幕替代传统的飞机窗户,给旅途增添了娱乐性

图片来源:东方 IC

同时,管理机构也可以充分利用该智慧系统,通过提前预约、分时段游玩、园内人数控制等多种手段,安全引导和分流游客,实现安全高效的人流控制, 避免当下各个景点屡屡发生的景点拥挤、游客踩踏事故等;也可以有效解决旅游旺季游客拥挤、乘车站点拥挤、车辆调度不畅等切实问题,实现景区管理调度的综合实时优化。

智慧旅游景区建立应急指挥中心, 设有大型数字电子屏,实时播放景区内及附近主要景点、交通路口的实况;可随时实时调阅、切换不同监测点的视频监控信号。视频信号与公安、市政等部门共享,实时监测客流量,及时发现险情,合理疏导游客,并提供寻人寻物、导览导航等服务。

编者按：智慧旅游是以提升旅游服务水平为中心，以物联网、大数据、通信、网络、高性能信息处理、智能数据挖掘等技术为支撑的智能旅游信息化。智慧旅游建设的核心是旅游信息资源整合；着力点是加快基础设施建设，推动旅游信息服务体系协调发展。

第八章　智慧社区

西班牙的巴塞罗那市把智慧城市建设作为重点建设项目,其中,大力采用传感器使智慧社区管理更便捷,成为巴塞罗那研究、探索的前沿阵地。为此,他们特别在巴塞罗那高新技术中心开辟了一块街区,专门进行研究和实践。

比如,红绿灯上装有小黑盒子,可以给附近盲人手中的接收器发送信号,并引发接收器震动,提醒他已经到达了路口。地上小突起形状的东西就是停车传感器,司机只需下载一个专门应用程序,就能够根据传感器发来的信息获知空车位信息。草地上,也铺满了传感器,即湿度传感器,它能感知地面的温度和湿度,以确定何时应该给草地浇水。

同样,一个简单的垃圾箱,也蕴藏着传感器的神秘色彩。铺设在垃圾箱上的传感器能够检测到垃圾箱是否已装满,具体来讲,就是在每个垃圾回收箱的顶部和底部分别装一个容量传感器和压力传感器。随着垃圾投入量的增加,两个传感器每5分钟就自动感应桶内垃圾与桶容量之间的关系,当桶内垃圾快要装满时,即以无线网络传输的方式将信息反馈到垃圾处理控制中心数据库。根据传感器的反馈信息,工作人员将安排、分配垃圾运输车的出行频率和路线,最终使得垃圾的收集与处理效率提高。

上海市启动了一个真正意义的"社区型智慧屋"的智慧社区项目,辐射附近多个社区、上万户居民,该智慧屋率先把家政、通信、电商、金融、养老、旅游、缴费充值等20多项服务整合于一体,用智慧便捷又不失人性化的服务方式，为广大社区百姓带来了真正的"家门口服务"。

整个智慧屋根据不同服务内容，分为"健康服务区""民生在线区""自助服务区""家政服务区""饮料休闲区"，总面积近百平方米。目前为社区百姓提供的服务包括：银行自助终端与ATM机的金融服务、中国通信mini营业厅、快递自提柜、公用智能终端（缴费、充值、信用卡还款、票务等）、旅游O2O服务区、自助打印冲印、彩票自助购买、自助挂号、就诊预约、家政O2O服务区、自助养老健康检测服务区、保险O2O服务区、民生在线服务区等。居民走进智慧屋，不但可以"一站式"办理各种事务，还能体验各个领域和民生行业的发展成果，感受科技为生活带来的便利。

智慧社区的建设内容还包括菜场管理系统、小区安防管理系统、血压自动检测系统等。未来，智慧社区的服务范围将变得更广泛，服务形式将变得更智慧、更丰富、更亲民。

上海陆家嘴智慧社区建设的核心内容是"一库、一卡、两平台、多系统、一终端"。一张"智慧城市炫卡"集服务预定、身份识别、志愿服务及商户消费多项功能为一体，社区居民从此不必再带门禁卡、购物卡、银行卡等，甚至到社区医院预约门诊也可以"轻松一刷"。

同时，为了解决"停车难"的问题，在停车场给车位装上电子感应器，并将这些感应器联网，就会形成一张以一个个车位为结点的"神经网络"——一旦接入一个终端，你马上就可以知道网络内所有停车位的情况。当你进入陆家嘴WIFI热点，选择目的地，打算在目的地方圆一千米内停车，手机或电脑上就将显示你选择范围内所有停车位，其中空车位显示为绿色。当选择了该停车位后,颜色将马上变为橙色,相关物业将为你选择的车位保留半小时。

编者按: 智慧社区是指主要利用云计算、移动互联网、物联网等新兴信息技术,为社区居民提供一个温馨、安全、便利的现代化、智慧化生活环境,从而形成可持续发展,现代化、信息化、智能化管理的,一种新的运营模式的社区。依托这一社会服务管理平台,可以创新服务模式,为社区居民和单位、社会组织提供一个生活服务更便捷、生活环境更优美、生活状态更和谐的智能、人文、宜居的现代新型社区。

第九章　智慧能源/电力

美国的迪比克市风景秀丽,密西西比河贯穿城区,被称为美国最为宜居的城市之一。迪比克以建设智慧城市为目标,利用物联网技术,将城市的所有资源连接起来,进而智能化地响应市民的需求并降低城市的能耗和成本。迪比克市通过全面安装数控水电计量器、搭建综合监测平台等,及时对数据进行分析、整合和展示,使整个城市的政府、企业、个人对资源的使用情况一目了然。

欧盟也提出并开始实施一系列智慧城市建设目标。其中瑞典、芬兰、荷兰、卢森堡、比利时和奥地利等国家的城市智慧程度比较高,节能减排成效也十分显著。比如:以瑞典首都斯德哥尔摩为例,该市在通往市中心的道路上设置大量路边监视器,利用射频识别、激光扫描和自动拍照等技术,实现了对一切车辆的自动识别、收取拥堵税等政策实施,从而使交通拥堵水平大幅下降,同时温室气体排放量减少许多。另外,在丹麦的首都哥本哈根通过修建几条"自行车高速公路"和提供完善的自行车服务设施,使得绿色交通发展迅速。

广东省低碳与新能源材料工程技术研究中心认为,由于世界经济的持续发展和与之相应的巨大能源消耗,发展清洁的新型能源和低碳技术是国际大趋势,比如积极开发实用的风能、光伏发电、温差发电、热泵系统等高新技术,并大力推广其应用和各类项目落地实施,也是智慧能源建设的重要内容之一。

编者按：智慧能源是通过利用物联网、云计算、大数据等信息技术和设施对能源规划、能源生产、能源存储、能源输送、能源使用等全过程进行科学管理和服务，发现能源应用中的不合理问题，并提出能源问题的系统解决方案。通过建立科学、合理的能源生产方式和能源激励机制、约束机制，实现能源的可持续发展。

智慧电力

日本通过利用传感器等先进的元器件及 IPv6 下一代互联网协议平台，将建筑内的空调、照明、电源、监控、安全设施等子系统联网，形成兼容性系统综合数据并进行智能分析，对电能控制和消耗进行动态、有效地配置和管理。当人进入室内时，所经过的照明系统和独享的空调设施会及时开启，而当离开后系统则会立即关闭。松下电器在北京奥林匹克公园的主要体育场内，也安装 IPv6 照明控制系统，从而有效地控制和检测奥运主场馆区域的数万盏照明灯，可降低 10% 以上的电能消耗。

传感技术和智能技术的应用大大减少了电能消耗，该技术成了低碳节能的范本，迅速应用至各行各业，涉及温度、湿度、气压、降雨量等监测领域。

澳大利亚、美国和韩国等在智能电网的建设方面，取得了较为瞩目的成就。比如，每户家庭都安排智能电表，人们可以很直观地了解当时的电价，从而可把洗衣服、熨衣服等事情安排在电价低的时间段。该电表还可以帮助人们优先使用风电和太阳能等清洁能源。同时，变电站可以收集到每家每户的用电情况，一旦出现问题，可以重新配备电力。该智能管理系统连接电网和互联网，人们在电脑上可以收集和分析电力使用数据，通过智能控制合理分配电能,帮助人们降低电费开支。

将大量的新技术应用于智能电网的发电、输电、配电、用电等环节,整合电网的各种信息并进行深入分析和优化,有利于用户选择和决定更有效的用电方式,也有利于电力公司更好地管理电力和均衡负载,更有助于政府和社会做出更合理的环境保护行为。

智能电力的监控系统,是采用节源的方式来形成智慧电力,将智能配用电设备、智能建筑、智能家居、充电桩、分布式能源采集等,接入智能电网,从而实现智慧型的电力生产、输送、消费、管理、回收再生等。当前,中国的新能源产业发展存在投资无序、过热等问题,也面临着碳排放管理粗放、传统电网的重重限制、新能源(如太阳能和风能)发电的波动性和间歇性等挑战。因此,只有加强智能电网建设,提升电网对不同类型新能源的适应能力,才能为新能源的高效利用提供更为广阔的平台。

编者按:智能电网把电能流和信息流结合在一起,能源传输和数据采集同步进行,通过优化模型对数据的深度挖掘和分析,预测电能流的情况,如电压变化和用电量分布,为发电、输电、配电、用电等提供决策信息,最终实现清洁发电、高效输电、动态配电、合理用电等。

智慧节能

未来的智慧节能平台系统主要由各级政府和节能主管部门使用,包括能源信息、能源规划、工业地理信息系统等子功能模块。智慧节能平台可实现全区域能源使用实况信息、能源标准库查询、全国主要城市信息和重点用能企业能源使用情况月度监测分析、节能目标完成情况的监测预警、单位产品能耗限额指标分析与考核等功能。

美国的 IBM 总部大楼及明尼苏达州罗切斯特园区通过建筑楼宇对从风、光、热、动力等自然能量的采集存贮，通过自然、人群、楼宇、园区到电力的互联转换，将智能融入建筑电力，实现建筑节能。

这佳集团有限公司在路灯远程监控方面取得了令人瞩目的成就。为了适应越来越强烈的节能减排要求，该公司经过十多年的技术积累，把数字无线通信局域网和电力自动化相结合，利用 LED 智能数字化技术，通过无线移动网和互联网实现了远程监控或遥控路灯运行状况，也可按时区自动控制路灯的升降功率来实现节能。这意味着，若配备了该监控系统后，电脑和手机也可以随意监控路灯运行状况，或获取其他各种数据了。

智能照明系统在光领域元素的创新及提升，给予了智慧节能更多的生命及价值。广东虹雨照明工程建设有限公司在智能照明、智能建筑、智能家居、智慧园区等方面做了很多创新性的工作。该公司在广州周大福金融中心的建筑照明项目，就是利用智能系统接入建筑能源中，把智能照明电力与建筑能源联系起来，将照明融入建筑的生态能源中；佛山马可孛罗酒店的室内照明项目，则是利用智能监控系统把居住人群的行为和思维统一起来，体现智慧节能的目的，堪称实践标杆。

编者按：节能技术是智慧城市鲜明的特点。未来智慧城市的节能，特别是建筑节能、城市照明等，需要政府、企业及社会的共同努力。通过智慧节能，使得城市在能源使用方面进入到可持续发展轨道。

第十章　智慧环保

　　法国巴黎是全球首个大规模推行公共电动汽车租赁服务的城市。

　　巴黎市民，乃至外国游客都可以用少于乘坐出租车的价钱租到共享的电动汽车。这种汽车，外表银灰色，内部结构简单，平稳舒适，可供4人乘坐。与租赁自行车一样，抵达目的地时，将车连到充电桩上，即归还汽车了。

　　巴黎公交站，陪伴人们等车的过程中不再只是一根冷清清的板凳，而是功能多样的智能巴士亭。这种巴士亭不仅能为人们遮挡头上的酷热和雨水，更有娱乐和休闲的功用。它能让人们在等公交车的过程中，打发无聊的时间，利用这一间隙，做一些有益的事情。

　　巴士亭内装有一块显示屏，乘客或路人可以在显示屏上进行15种方便快捷的应用程序操作。这些应用程序可以帮助市民查询公交换乘信息，登录新闻网站浏览新闻资讯等。另外还能从显示屏上搜寻实用、便利的生活信息，如午夜后附近开门的便利店、营业的娱乐场所等。更方便的是，智能巴士亭还配有手机充电器。当乘客或路人的手机电源耗尽时，都可以在这里充电。

　　智能巴士亭既考虑到人们在等车过程中的焦急心理，又利用细碎、割裂的时间，帮助市民查到便捷资讯。未来的智能化巴士亭，将能提供无线上网、自动售卖服务、自助式图书借阅等功能。

　　在法国的拉罗谢尔市，每个家庭将配有一个家庭生活垃圾箱和一个包装分类收集垃圾箱，每个垃圾箱都将配有一个电子芯片。这些垃圾箱上的电子芯片包含了户主的信息、垃圾收费等信息。当装有嵌入式称重系统以及识别天线的垃圾收集车经过时，就能依靠这些电子芯片鉴别出垃圾箱所属家庭、垃圾收集的次数、垃圾重量等信息，并在垃圾收集车回站后传送到数据库管理系统，管理部门就可依据这些数据对相关家庭收取费用。生产这种芯片的厂家表示，电子芯片有效地解决了数据收集及收费难题，有利于可持续性的进行垃圾管理。

编者按：智慧环保运用各种环境感知技术、信息技术及计算机技术提升环境管理效能，有利于搭建起一个全方位、立体化、可视化及模拟化的物联网污染源智能监控管理体系，实现监控预警、环境执法、污染减排和应急处置等功能。

第十一章 智慧物流

香港是世界上物流业运作最高效的地方，从 2010 年起，香港国际机场的货物处理量连续 4 年位居世界第一位。2014 年，香港国际机场继续屡创记录，货物处理量达 438 万公吨，同比上升 6%。香港空运货站采用全自动化的货运处理，货站内的起重机由计算机系统控制，有效减少货物处理失误率。同时，系统可追踪每件货物，把资料实时传送至货主、航空公司、运输商以及海关。

图 4　亚马逊的一家物流中心

图片来源：东方 IC

　　香港国际货柜码头是全球数一数二的货运港口,每年可处理约两千万个货柜。通过自动化的管理系统操控码头运作,包括自动分配货柜轮的泊位、策划监控货场的运作和在货物运送途中就提前设置了装卸和运输的程序,大大提高了货物处理的效率。

　　宁波的物流电子商务平台, 有效实现了物流资源的优化配置,为市场内各物流主体提供信息发布、交易促和、支付结算、货物跟踪、物流解决方案等综合性的物流服务,大大缓解了物流运作过程中信息不对称、信用缺失等瓶颈问题,为企业创新物流服务模式提供了有力的支撑。基于 RFID 和全球卫星定位(GPS)技术的电子锁产品的广泛应用,该平台可以实现对集装箱和货物的全程跟踪。目前,全市多数集卡车已安装 GPS 系统,部分已接到第四方物流平台,通过第四方物流市场 GPS 监控平台,实现了智能化操作、个性化查询和对在途集卡车的实时动态监控。

　　宁波市港口 IDE 电子口岸也初步具备了大通关、单一窗口服务功能,使得口岸相关部门在同一平台上实现了信息共享、设施共用、流程优化等目标。大通关服务通过海关、国检、边检办事系统在电子口岸的集中应用,减少了口岸通关环节,优化了口岸通关流程;单一窗口服务则实现了集中申报、集中办事、集中查询三“集中”目标,提升了口岸大通关效率。这一服务模式,不仅有效减少了物流信息孤岛现象,而且降低了企业物流时间、资金成本。口岸 EDI 技术的应用就大大缩短了集装箱的进港申报时间,箱子还在路上,信息就已经到了港口,不用等箱子到达后卸下来再手抄各种信息,缩短了作业时间。

　　目前,两大平台注册会员已经几万家,年数据交换达几千万条。智慧港口启动实施了基于电子标签、RFID 的智能闸口系统,该系统可实现定向自动识别车辆信息、自动无线上传车辆作业信息、自动无线下发车辆行车指南信息等功用。整个过程无需人工干预,加快了集卡车在港区闸口的通行速度,提高了效率。

> **编者按:** 生产商、批发商、零售商三方通过智慧物流平台的信息共享、共同协作,大大降低了涉及制造业、物流业等各行业的成本。通过物体标识、标识追踪、无线定位等新型关键信息技术,有效实现了物流的智能调度管理、核心业务流程整合,加强了物流管理的合理化、高效化,从而降低了物流消耗、流通费用及其他运营成本,提高了企业利润。

第十二章 智慧制造

智慧制造产业的发展离不开3D打印技术的支持。3D打印技术是近年来最火爆的新兴技术之一,它是一种以数字模型文件为基础,运用粉末状金属或塑料等可粘合材料,通过逐层打印的方式来构造物体的技术,被认为是推动未来工业变革的重要动力,在模具制造、工业设计、零部件制造、产品制造等方面逐步获得了广泛应用。

智慧制造产业的发展同样也离不开机器人和自动化发展的支持。目前,在诸如汽车制造和其他重工业领域已经逐步广泛使用机器人代替技术工人,通过利用移动机器人、堆垛机器人、装配机器人、检测机器人等,实现物料搬运、柔性物料传输、零部件清洗、自动装配等功能,将机器人、智能设备和信息技术三者完美融合,实现工业生产从设计到制造整个生产周期的"智慧化"。与人工制造相比,不仅极大地提升产品质量,生产效率也提升了5至10倍。

案例:深圳市格瑞普电池有限公司是一家专业从事无人机电池、遥控模型电池、动力电池、通讯数码电池、卷绕电池等研究、开发、生产、销售的综合性高新技术企业,一贯重视企业信息化建设、网络监控及管理,其原材料采购、产品订单、仓储、生产、使用等过程均使用唯一的条码标识管理系统,实现了产品从研发、生产、包装、储运、销售和售后的全过程追溯与管控。

当接到客户订单时,即在管理系统中的"供应链"模块–"销售管理"中下达订单,客户名称、产品型号、数量、金额等信息均清晰体现,相关领导和部门的审核也一并在系统内完成。各种材料送达仓库时,请验、检验、入库等一系列操作均可在"供应链"模块-"仓存管理"中完成,各个部门包括仓储部、品质部、采购部等均跟踪行动、协调工作,极大地提高了工作效率。

格瑞普公司通过投资建成巨墙式生产管理系统,置于生产部办公室,使工作人员在办公室里即可全面监控到生产进行状况、产品质量状况、设备运行状况等,了解各个车间的实时动态、突发状况等,并及时提供相应的解决措施;同时,各生产车间之间的物料、半成品运输均采用智能机器人系统,机器人只需按系统预先设定的路线自动往返运输即可,不仅节约了大量的人力,并使车间整洁有序,可持续作业;日常办公采用 OA 系统,为消息发送、跨部门信息沟通、物料请购、日常事务联系等提供便利;人事管理、绩效管理则采用专业管理系统的相关模块、指纹录入系统等软件;与外省分公司之间架设了虚拟专用网(VPN),全面实现了公司内部网络互联、软件系统远程使用与数据共享。

该公司研发所需的模具、胶壳、刀模板以及其他生产零配件等,均采用当今先进的 3D 打印技术,为公司节约了大量时间和成本。

深圳市格瑞普电池有限公司在智慧制造方面,充分利用了多种先进技术,大大提升了企业的智能制造能力,堪称智慧制造领域的成功典范。

编者按:智慧制造建立在"云计算"(更确切些是"云制造")的基础上,包括了智慧制造网络和智慧管理网络等。其物理基础是互联网、无线网和物联网,具备更透彻的感知、更广泛的互联互通、更深入的智能化特征。智慧制造企业将使企业的创新能力、协同制造能力、低碳制造能力、企业管控能力等得到极大的提升。

第十三章　智慧农业

美国在智慧农业建设方面堪称世界领先。美国大农场的高新技术采用率高达 80%，主要通过物联网技术来自定义操作，并监控农业生产的全过程。温度、空气湿度、光线强度和土壤湿度可以通过不同传感器检测并连接到同一个系统，在必要时发出警报，或者自动启动浇水或通风等操作。

这套技术可以应用于灌溉、粮仓、捕虫等方面。如智能灌溉，可以通过无线传感器网络收集土壤成分数据及其他环境要素来减少水的浪费。这种系统可以分析收集数据、根据需求有选择地给不同地块浇水，可用于各种商业范围，如农场、葡萄园等。

农民也可以利用物联网技术，动态和精确地掌握农作物病虫害、畜禽疾病等信息，及时采取应对措施，这样可以节省时间和资金，还可以将农药使用最小化。

很多农业机械装有传感设备，方便农民获取信息和进行决策。比如，播种设备和 GPS 控制相连可以防止重叠播种所造成的浪费。干草打包机，可以感受湿度并自动向拖拉机传输信号以控制打包机运动的快慢。

物联网技术还可以用于粮仓的自动化管理。可以通过电子测量设备，测量并报告粮仓或其他食品储存容器内成分水平，农民可以使用它远程管理玉米、种子等库存，并在线监控粮仓温度，如果温度超过规定范围，农民将接收到警报提示。

此外，为保证食品安全，物联网数据驱动的解决方案可以让消费者跟踪并监控农产品从农场到餐桌的全过程。可持续农业实践活动不仅帮助满足直接社会需求,同时还保护了土地及其他自然资源,造福下一代人。

图5　2014年4月18日,安徽省蒙城县许疃镇,
农民在温室大棚对已经挂果的辣椒进行管理
图片来源:东方 IC

案例情景:在有些人看来,史上最美的工作是用手机养花,近20亩百合花大棚基地,只需要一部移动3G手机就可以打理得井井有条。管理员无须凭经验管理,只要打开手机"智慧农业"客户端,登录后,进入设备控制系统,根据实时监控的数据,决定什么时候该通风,什么时候该浇水。"这是控制微喷的,通过控制它,喷出来的水是雾化的;这是控制遮阳板的。"管理员按了遮阳板按钮,顶部的遮阳板缓缓打开,顿时大棚内的光线暗了很多。

手机可以监控到花棚里的一切,又像一个遥控器,千里之外便可以实现对农田的智能化控制,减少人力成本,实现高效、精准、科学、现代化种植。没有智能化控制,大棚需要约几十名工人专门负责花木生长过程中温度、湿度、光照和土质情况的有效监控,而现在只需几个员工。统计显示,人工成本仅为传统作业的5%左右,而且大棚苗木长势非常喜人,仅成活率一项就高出一般大棚15%左右。

在大棚基地,门头上的电子屏滚动播报着实时数据,内容包括:环境温度、环境湿度、光照强度、土壤温度、土壤湿度。如果超过或低于设定参数,系统就会自动给绑定的手机发送短信提醒。

在田间装上无线传感器,人坐在屋里就可以监控大棚内的温度、湿度、光照以及二氧化碳浓度等,并进行浇水、施肥、降温等控制操作,达到科学管理蔬菜、花木生产的目的。

如果把智能可控系统一端连着大棚,另一端连着批发市场的话,只要登录物联网系统平台,远在百里、千里之外的消费者,就可以看到种植管理的全过程了。施肥、用药等各个环节的农事活动,直接暴露在消费者的监督之下。

当然,智慧农业远不止这些。远程种植指导、远程销售等,都可以由智慧信息化介入。

编者按:智慧农业不同于现代农业,而是属于农业生产中一个比较高级的阶段,它集互联网、GPS、云计算以及物联网技术于一体,实现对农业生产的全方位管理与控制,对建设高水平现代农业有着重大意义。

第十四章 智慧地理

智慧城市的建设离不开智慧地理的发展与支持。

智慧地理是基于地理信息系统(GIS)平台,以空间分析技术为基础进行的地理设计、地理决策和地理控制等地理空间的智慧服务。地理设计是以地理分析为基础,把地理环境因素引入的全局考虑的设计,由于考虑了环境因素,地理设计比传统设计更优化。地理决策则是基于统计学和空间分析技术的计算机辅助决策方法。由于考虑了位置和空间因素,地理决策能实现基于传统 IT 手段的辅助决策无法实现的能力。

智慧地理以全球导航卫星系统(GNSS)、遥感(RS)和地理信息系统(GIS)组成的 3S 技术为支撑,分别通过航空摄影和数字栅格地图等手段,进行数据采集、数据处理、数字城市三维模型的建设,以及智慧地理公共服务平台的开发运用。以智慧地理公共服务平台为例,它由运行支撑层、数据层、服务层和应用层组成,集成海量地理空间数据和元数据,提供各种地理信息处理、显示、查询、分析、制图、输出、管理等多种功能,并具备强大而开放的二次开发接口,支持各种应用系统的开发。

智慧地理所关注的,就是用宏观的手段去解决城市发展的微观问题,从发现问题、分析问题,到解决问题,智慧地理均可充当整合各种资源的纽带,尤其在智慧地理的辅助决策方面,发挥了越来越重要的作用。比如,在电力系统,当电网在工作的时候,电流的流向,局部区域的电力供应是否充足都可以实时在 GIS 应用平台上展现,并提供智慧的地理决策。在营销领域,智慧地理决策也发挥着巨大的价值,根据烟草营销大数据的采集和智慧地理分析,可以分色块地表现哪些区域平均每条烟的单价最高,哪些区域单价较低,通过基于位置的大数据分析,便可为渠道铺货和广告投放提供辅助决策。灾害应急、连锁店选址、军事地形分析等都是智慧地理决策的典型应用。

2013年测绘地理信息蓝皮书指出,我国智慧城市建设已经从概念引进向具体落实转变,逐步进入高速发展期,预计到2030年建成智慧中国地理空间智能体系。美国环境系统研究所公司某高管曾表示,人的行为约85%是和地理位置相关的,因此在智慧城市建设中,地理分析是重要的手段之一,而地理信息则是智慧城市建设中的基础部分之一。

广东沛盈空间信息科技有限公司秉承"提供地理空间信息服务、创新地理空间信息价值"的理念,以空间信息的获取和处理为基础,专注于提供三维地理信息系统、计算机系统集成、信息化工程建设等服务,在高精度航空卫星影像数据获取、数据加工处理、三维地理信息建设、三维地理信息系统建设等方面积累了丰富的经验。曾参加过"韶关市基于三维数字城市的城市规划审批辅助决策系统""湖南省株洲市三维数字城市建设""数字玉溪地理空间框架建设""国土资源与公共服务应用示范系统"等大型项目的建设工作,并取得了良好的业绩,是智慧地理领域的成功典范。

编者按:智慧城市所涉领域甚多,除上述之外,还有诸多领域,如智慧建筑、智慧水务、智慧城管、智慧金融、智慧园区、智慧商城、智慧酒店等,在此不再详述。

本篇小结

通过智慧城市的案例情景,对智慧城市所涉及的政务、安全、交通、医疗、旅游、物流、制造、教育、能源、农业等进行了生动的描绘。用贴近生活化的场景来解析未来智慧城市体系中的各个部分是如何运行的。同时附上了当前国家智慧城市(区、镇)试点指标体系(试行),如表3所示。

表3　国家智慧城市(区、镇)试点指标体系(试行)

一级指标	二级指标	三级指标	指标说明
保障体系与基础设施	保障体系	智慧城市发展规划纲要及实施方案	指智慧城市发展规划纲要及实施方案的完整性和可行性
		组织机构	指成立专门的领导组织体系和执行机构,负责智慧城市创建工作
		政策法规	指保障智慧城市建设和运行的政策法规
		经费规划和持续保障	指智慧城市建设的经费规划和保障措施
		运行管理	指明确智慧城市的运营主体并建立运行监督体系
	网络基础设施	无线网络	指无线网络的覆盖面、速度等方面的基础条件
		宽带网络	指包括光纤在内的固定宽带接入覆盖面、接入速度等方面的基础条件
		下一代广播电视网	指下一代广播电视网络建设和使用情况

续表

一级指标	二级指标	三级指标	指标说明
保障体系与基础设施	公共平台与数据库	城市公共基础数据库	指建设城市基础空间数据库、人口基础数据库、法人基础数据库、宏观经济数据库、建筑物基础数据库等公共基础数据库
		城市公共信息平台	指建设能对城市的各类公共信息进行统一管理、交换的信息平台,满足城市各类业务和行业发展对公共信息交换和服务的需求
		信息安全	指智慧城市信息安全的保障措施和有效性
智慧建设与宜居	城市建设管理	城乡规划	指编制完整合理的城乡规划,并根据城市发展的需要,制定道路交通规划、历史文化保护规划、城市景观风貌规划等具体的专项规划,以综合指导城市建设
		数字化城市管理	指建有城市地理空间框架,并建成基于国家相关标准的数字化城市管理系统,建立完善的考核和激励机制,实现区域网格化管理
		建筑市场管理	通过制定建筑市场管理的法律法规,并利用信息化手段促进政府在建筑勘察、设计、施工、监理等环节的监督和管理能力提升
		房产管理	指通过制定和落实房产管理的有效政策,并利用信息技术手段进行房产管理,促进政府提升在住房规划、房产销售、中介服务、房产测绘等多个领域的综合管理服务能力
		园林绿化	指通过遥感等先进技术手段的应用,提升园林绿化的监测和管理水平,提升城市园林绿化水平
	城市建设管理	历史文化保护	指通过信息技术手段的应用,促进城市历史文化的保护水平
		建筑节能	指通过信息技术手段的应用,提升城市在建筑节能监督、评价、控制和管理等方面的工作水平
		绿色建筑	指通过制定有效的政策,并结合信息技术手段的应用,提升城市在绿色建筑的建设、管理和评价等方面的水平

续表

一级指标	二级指标	三级指标	指标说明
智慧建设与宜居	城市功能提升	供水系统	指利用信息技术手段对从水源地监测到龙头水管理的整个供水过程实现实时监测管理,制定合理的信息公示制度,保障居民用水安全
		排水系统	指生活、工业污水排放,城市雨水收集、疏导等方面的排水系统设施建设情况,以及利用现代信息技术手段提升其整体功能的发展状况
		节水应用	指城市节水器具的使用和水资源的循环利用情况,以及利用现代信息技术手段提升其整体水平的发展状况
		燃气系统	指城市清洁燃气使用的普及状况,以及利用现代信息技术手段提升其安全运行水平的发展状况
		垃圾分类与处理	指社区垃圾分类的普及情况及垃圾无害化处理能力,以及利用现代信息技术手段提升其整体水平的发展状况
		供热系统	指北方城市冬季供暖设施的建设情况,以及利用现代信息技术手段提升其整体水平的发展状况
		照明系统	指城市各类照明设施的覆盖面和节能自动化应用程度
		地下管线与空间综合管理	指实现城市地下管网数字化综合管理、监控,并利用三维可视化等技术手段提升管理水平
智慧管理与服务	政务服务	决策支持	指建立支撑政府决策的信息化手段和制度
		信息公开	指通过政府网站等途径,主动、及时、准确公开财政预算决算、重大建设项目批准和实施、社会公益事业建设等领域的政府信息
		网上办事	指完善政务门户网站的功能,扩大网上办事的范围,提升网上办事的效率
		政务服务体系	指各级各类政务服务平台的联接与融合,建立上下联动、层级清晰、覆盖城乡的政务服务体系

续表

一级指标	二级指标	三级指标	指标说明
智慧管理与服务	基本公共服务	基本公共教育	指通过制定合理的教育发展规划,并利用信息技术手段提升目标人群获得基本公共教育服务的便捷度,并促进教育资源的覆盖和共享
		劳动就业服务	指通过法规和制度的不断完善,结合现代信息技术手段的应用,提升城市就业服务的管理水平,通过建立就业信息服务平台等措施提升就业信息的发布能力,加大免费就业培训的保障力度,保护劳动者合法权益
		社会保险	指通过信息技术手段的应用,在提升覆盖率的基础上,通过信息服务终端建设,提高目标人群受基本养老保险,基本医疗保险,失业、工伤和生育保险服务的便捷程度,提升社会保险服务的质量监督水平,提高居民生活保障水平
		社会服务	指通过信息技术手段的应用,在提升覆盖率的基础上,通过信息服务终端建设,提高目标人群享受社会救助、社会福利、基本养老服务和优抚安置等服务的便捷程度,提升服务的质量监督水平,提高服务的透明度,保障社会公平
		医疗卫生	指通过信息技术手段应用,提升基本公共卫生服务的水平。通过信息化管理系统建设和终端服务,保障儿童、妇女、老人等各类人群获得满意的服务;通过建立食品药品的溯源系统等措施,保障食品药品安全供应,并促进社会舆论监督,提高服务质量监督的透明度
		公共文化体育	指通过信息技术手段应用,促进公益性文化服务的服务面,提高广播影视接入的普及率,通过信息应用终端的普及,提升各类人群获得文化内容的便捷度;提升体育设施服务的覆盖度和使用率

续表

一级指标	二级指标	三级指标	指标说明
智慧管理与服务	基本公共服务	残疾人服务	指在提高服务覆盖率的基础上，通过信息化、个性化应用开发，提升残疾人社会保障、基本服务的水平，提供健全的文、体、卫服务设施和丰富的服务内容
		基本住房保障	指通过信息技术手段应用，提升廉租房、公租房、棚户区改造等方面的服务水平，增强服务的便利性、提升服务的透明度
	专项应用	智能交通	指城市整体交通智慧化的建设及运行情况，包含公共交通建设、交通事故处理、电子地图应用、城市道路传感器建设和交通诱导信息应用等方面情况
		智慧能源	指城市能源智慧化管理及利用的建设情况，包含智能表具安装、能源管理与利用、路灯智能化管理等方面的建设
		智慧环保	指城市环境、生态智慧化管理与服务的建设情况，包含空气质量监测与服务、地表水环境质量监测与服务、环境噪声监测与服务、污染源监控、城市饮用水环境等方面的建设
		智慧国土	指城市国土资源管理和服务的智慧化建设情况，包含土地利用规划实施、土地资源监测、土地利用变化监测、地籍管理等方面的建设
		智慧应急	指城市智慧应急的建设情况，包含应急救援物资建设、应急反应机制、应急响应体系、灾害预警能力、防灾减灾能力、应急指挥系统等方面的建设
		智慧安全	指城市公共安全体系智慧化建设，包含城市食品安全、药品安全、平安城市建设等建设情况
		智慧物流	指物流智慧化管理和服务的建设水平，包含物流公共服务平台、智能仓储服务、物流呼叫中心、物流溯源体系等方面的建设

续表

一级指标	二级指标	三级指标	指标说明
智慧管理与服务	专项应用	智慧社区	指社区管理和服务的数字化、便捷化、智慧化水平,包含社区服务信息推送、信息服务系统覆盖、社区传感器安装、社区运行保障等方面的建设
		智能家居	指家居安全性、便利性、舒适性、艺术性和环保节能的建设状况,包含家居智能控制,如智能家电控制、灯光控制、防盗控制和门禁控制等,家居数字化服务内容,家居设施安装等方面的建设
		智慧支付	指包含一卡通、手机支付、市民卡等智慧化支付新方式,支付终端卡设备、顾客支付服务便捷性、安全性和商家支付便捷性、安全性等方面的建设
		智能金融	指城市金融体系智慧化建设与服务,包含诚信监管体系、投融资体系、金融安全体系等方面的建设
智慧产业与经济	产业规划	产业规划	指城市产业规划制定及完成情况,围绕城市产业发展、产业转型与升级、新兴产业发展的战略性产业规划编制、规划公示及实施的情况
		创新投入	指城市创新产业投入情况,包括产业转型与升级的创新费用投入,新兴产业发展的创新投入等方面
	产业升级	产业要素聚集	指城市为产业发展,产业转型与升级而实现的产业要素聚集情况、增长情况
		传统产业改造	指在实现城市产业升级过程中,实现对传统产业的改造情况

续表

一级指标	二级指标	三级指标	指标说明
智慧产业与经济	新兴产业发展	高新技术产业	指城市高新技术产业的服务与发展,包含支撑高新技术产业的人才环境、科研环境、金融环境及管理服务状况,高新技术产业的发展状况及在城市整体产业中的水平状况
		现代服务业	指城市现代服务业发展状况,包含现代服务业发展的政策环境、发展环境,发展水平及投入等方面
		其他新兴产业	反映城市其他新兴产业的发展及提升状况

内涵篇

第十五章 智慧城市是什么

目前,对智慧城市的理解有很多种,有的狭隘,有的宽泛。

对这个概念的理解,应该是动态的、与时俱进的。随着时代的进步和智慧城市的不断发展,人们对它的认知和阐释将逐步深入。

现在,很多权威机构和专家给出了关于智慧城市的定义,但这些定义并没有说出智慧城市的理论基础、应用效果,也未指明究竟倾向于哪种定义。对于智慧城市来说,有一种定义为——智慧城市是城市系统,研究人类如何与城市之间进行人城互联的思维活动和智慧行为,尤其是对人如何能够履行那些只有依靠"智城慧人"才能完成的任务的理论研究和实践应用。例如,城市活动、消费行为、社会生活、视觉感知、语音识别、虚实空间等,在不确定条件下做出决策、学习、互联、操作等。

在当今时代,能够让我们绕开城市运营机制层面对智慧城市进行确切定义,从而直接探讨它的实际应用和相互链接,这一工作本身是伟大的,也是不可预测的。随着移动互联网和物联网等技术的升级换代和广泛运用,智慧城市的定义门槛也越来越高。

有人这样概括:"智慧城市就是要实现所有目前还无法不借助城市中某些项目的智能和人类中某些环节的智慧相融合和多链接才能实现的任务的集合和集成。"简单地说,智慧的城市就是"有思想、能工作、会说话"的"指尖上的城市"!

趁着国家智慧城市建设的鼓励和支持,短短几年间约有400

余个城市和地区启动了智慧城市的建设。作为未来城市的发展方向，提升城市综合承载力和市民生活品质的重要支撑，智慧城市建设正被国内越来越多的城市所重视。

2014年8月27日，国家发展和改革委员会、工业和信息化部、科学技术部、公安部、财政部、国土资源部、住房和城乡建设部、交通运输部联合发文指出：智慧城市是运用物联网、云计算、大数据、空间地理信息集成等新一代信息技术，促进城市规划、建设、管理和服务智慧化的新理念和新模式。

我国智慧城市建设获得了25个部委共同支持，包括：国家发改委、工信部、科技部、公安部、财政部、国土资源部、住建部、交通运输部、国家标准委、教育部、民政部、人社部、环保部、水利部、农业部、商务部、国家卫生计生委、国家旅游局、国家质检总局、国家食品药品监督总局、证监会、中国科学院、中国工程院、国家能源局、国家测绘地理信息局在内25个部委及中央网络安全和信息化领导小组办公室的支持。

我们来看看不同城市、国家各部委对"智慧城市"的理解与定义。

部分城市观点

宁波市：智慧城市是充分利用现代信息通信技术，汇聚人的智慧，赋予物以智能，使汇集智慧的人和具备智能的物互存互动、互补互促，以实现经济社会活动最优化的城市发展新模式和新形态。

扬州市：智慧城市是城市发展阶段和信息化水平的一种状态：在城市发展过程中，充分利用信息通信技术，智能的感知、分析、整合、响应公众关于环境、安全、城市服务、民生、产业发展等方面的活动及需求。城市中各个关键系统与参与者之间高效协作,以达成城市运行的最佳状态;政府、企业和个人在智慧基础设施上进行科技和业务的创新应用,为城市提供源源不断的发展动力,从而创造一个更加和谐的城市工作、生活环境。

江门市:智慧城市是充分利用无线传感器、电子标签、无线射频识别技术等物联网技术和视讯信号智能分析技术,感测、分析、整合城市运行核心系统的各项关键信息,强化民生、环保、公共安全、城市服务、工商业活动等各种需求的智能响应,提高网格化管理精度、效率、广度,创新城市管理模式。

国家部委观点

2014年11月7日,"2014首届中国智慧城市创新大会"在广州召开。大会得到了包括国家发改委、工信部、科技部等25个部委及中央网络安全和信息化领导小组办公室的支持。

对于"什么是智慧城市",国家发改委、中央网信办、国家测绘地理信息局、国家标准委、工信部、公安部、住建部、教育部、农业部、计生委、中科院等多部门在此次大会上从各自角度分别做了解读。

国家发改委:城市化与信息化的高级城市形态

智慧城市,就是充分运用物联网、云计算、大数据、空间地理信息集成等新一代信息技术,构建城市规划、建设、管理和服务的智慧化体系,实现城市化与信息化高度融合的更高级城市形态,创造更加美好的生活。

中央网信办:信息化全局在区域的缩影

智慧城市是信息化全局在区域的缩影,是国家治理体系和治理能力的重要组成部分,也是国家信息化发展的重要内容。物联网、云计算、移动互联网、大数据等新一代信息技术广泛应用,使得更实时的感知、更泛在的互联、更智能的分析成为可能,将有效提升城市规划、建设、管理和服务的智慧化水平。这不仅为解决日趋复杂的"城市病"提供了高效的手段,也将极大提升城市精准管理和公共服务水平,从而营造出智能、宜居的城市环境。

国家测绘地理信息局:时空信息支撑下不依赖人的智能化运行

智慧城市是在时空信息的支撑下依托物联网和云计算等现代信息技术,将人类的信息固化到城市的建设、管理、运营、服务和发展中,形成不依赖于人或者很少依赖于人的智能化的运行。

工信部:智慧城市的本质是服务

智慧城市的本质就是服务。智慧城市建设,关键是要把老百姓的利益摆在第一位。智慧城市建设就是围绕着给谁提供服务、提供什么样的服务、如何提供更好的服务这样一类问题来展开的。更具体的说就是围绕居民的生活、居住、娱乐、健康、教育、交通,如何提供更便捷、更高效、更人性化的服务。

教育部:智慧城市的人才是智慧教育培养的

社会的本质是服务,这些都和教育密切相关,教育就是为全民提供优质、均等的公共服务。智慧城市中讲的人才很关键,人才是教育培养的。在推进新时期的教育信息化过程中,应该坚持一个核心理念,即将信息技术与教育实践进行深度融合,比如说城市建设当中的教育均衡、择校、招生、考试的改革问题。围绕教学试点,就是如何在课堂上从过去比较关注给学生传授知识、关注考试成绩,引导到关注培养学生的创新能力、创新意识,特别是独立思考能力上来。通过教育信息化真正的推动教育变革,特别是教育思想、教育理念方面,推动办学形态、教育模式和学习方法的转变。

智慧教育要做的是"三通两平台"，三通：宽带网络校校通、优质资源班班通、网络空间人人通；两平台：教育管理公共服务平台、教育资源公共平台。

农业部：智慧农业是智慧城市的基础支撑

城市源于农村，城市发展需要农业这一基础的支撑。为此，在推进智慧城市的过程中，一定要把农业放在重要位置，一定要统筹推进新型城镇化，以现代农业的不断发展来提高人民的生活质量和水平。智慧农业应该包括：建立智慧农业生产技术体系，促进城郊现代农业发展，重点推进物联网、云计算、移动互联、3S等现代信息技术和农业智能装备在城市郊区农业生产经营领域的应用；发展农产品冷链物流与电子商务，促进城乡一体化发展；开展农产品质量安全追溯信息化建设，实现从田间到餐桌各环节的责任可追溯，确保城乡居民"舌尖上的安全"；开展生鲜农产品 O2O 电商，用现代信息技术建好农民的"菜园子"，保障市民的"菜篮子"；以信息化推动休闲旅游产业发展，促进城乡文化融合；面向城市人群的休闲、旅游和度假需求，对休闲农业进行数字化、智能化和网络化改造；建立都市农业生态环境监测预警系统，实现对灌溉水、土壤、大气以及对应农产品的重金属等主要污染物的定位检测，充分发挥农业的"自净"作用，切实保障都市生态环境质量。

国家卫生计生委：智慧医疗记录公民终生医学足迹

智慧城市体系下的智慧医疗应当从原有的以疾病为中心、以医院为中心、以医生为中心，真正转变成以健康为中心。

以居民的电子健康档案、电子病历、人口库这三个数据库为所有业务应用的基础，打造真正意义上的数字化医疗服务平台，提供六大类的服务：公共卫生、医疗服务、计划生育、药品管理、新农合医疗保障、综合管理能力,并记录公民的终生医学足迹,形成一个全国互联互通的人口健康新型网络。同时,注重信息安全和信息标准体系的建设。

发改委城市中心:提高政府治理水平和改善公共服务水平

智慧城市的核心有两方面:提高政府治理和管理水平;改善公共服务水平。

提高基础设施运营和管理的技术含量,包括城市治理的技术含量,是目前建设智慧城市的难点。应用互联网的新技术来开展城市治理,对目前所有政府官员来讲是一个新课题,也是一个老课题。

国家发展改革委城市中心推出了以中小城市为切入点,新增开发载体,通过企业的跨界组合、市场化的推进,以低碳、方便为目标,通过技术手段来加速智慧城市的进程。同时,中心成立了智慧城市发展联盟,联合民生银行、神州数码、乐视网等十几家企业,通过互联网和决策系统的融合,形成了一种新的发展模式。

公安部:城市平安是一切衡量标准的基础

衡量一个城市是不是智慧城市的标准有很多,包括公共服务是否便捷,社会管理是否精细,生态环境是否宜居等,但城市是否平安,是一切衡量标准的基础。

在智慧城市建设当中,市民信息整合共享工作,规划构建起一张基本覆盖公共区域要害部位的天网,公安视频监控已经成为地理化社会治安防控体系和智慧城市重要基础设施,在维护稳定、服务发展、保护民生方面发挥重要的作用,已经成为治安防恐的新手段。

住建部:要符合新型城镇化的五要素

智慧城市必须在新型城镇化的整个背景下展开。规划布局、生态文明、文化传承等，是整个智慧城市建设要考虑的几个出发点。智慧城市若真正要取得实效，重要的是应该掌握城市发展规律。

编者按：智慧城市的定义有很多，简单地说，智慧城市就是充分利用现代信息、通信技术等，通过对城市各方面各层次需求做出明确、高效、和谐的智能响应，创造城市智能运转、产业健康发展、环境生态宜居、市民生活幸福，达到城市从经济到人文的全面发展、人与自然和谐相处的一种可持续进步的理想状态，为人类创造更美好的城市生活。

智慧城市（镇）是目前全球围绕城市一体化发展、城市可持续发展、民生核心要求等要素，将先进信息技术与先进的城市经营服务理念进行融合，通过对城市的地理、资源、环境、经济和社会等进行数字网络化管理，对城市基础设施、基础环境、生产生活相关产业和设施的多方位数字化、信息化的实时处理与利用，为城市公共管理与服务提供更便捷、高效、灵活的创新模式。

第十六章 智慧城市的特征

信息共享化

信息共享是智慧城市的基础之一,全面、系统、高质量信息通过共享的方式,最大限度地实现其价值。信息只有进入公共领域,被充分广泛的应用,其价值才能最大化并被社会所认可。参与同一个信息处理和应用的个体越多,该信息的社会价值或经济价值增长就越快,信息共享化程度就越高。其中,数据共享在提高信息使用效率的同时,通过连点成面的方式打破企业、政府部门之间的信息孤岛局面,解决城市发展中资源、环境、社会、经济、生活等要素难以协调统一问题,建立一套科学和行之有效的智慧城市信息共享机制。

物物联网化

当今世界有一半以上的人口生活在城市,地球成了一个庞大的城市网络和城市联盟,世界各地互联互通的程度也越来越深。当各种各样的信息扑面而来,物联网可以帮助政府、企业、个人更好地做出决策。而物联网在城市的大量应用,必然推动城市形态升级,使其进入更高级阶段,即智慧城市。一个智慧的城市,一定是一个物物相连的城市,拥有庞大的信息搜集和传递网络。遍及全市的"全球眼"、传感器、手机"变身"触角,贴近城市中每一条跳动的"脉搏"，感知城市的每一刻变化和编织每一缕联系。把脉城市信息，不仅仅是城市发展的基础，也是国家战略发展的信息基础。时任美国总统奥巴马极力主张通过"物联网"来构建"智慧地球"，时任中国总理温家宝同样提出了通过"物联网"来"感知中国"。

物联网是指信息传感设备(RFID、传感器、定位、条码、图像等)按照约定的通信协议，将特定物体与信息网络及存储集控系统连接起来，进行信息交换和自动控制，以实现智能化识别、感知、定位、跟踪、监控和管理的一种网络体系。物联网是一个全新的技术领域，它是利用无所不在的网络技术建立起来的，是继计算机、互联网与移动通信网之后的又一次信息产业浪潮。物联网的提出标志着社会发展进入一个"人与物和谐共舞"的新体系，是人类迎接"知识文明"的到来而构建和创造财富的新体系，这必然给城市带来巨大变化。

物联网的逐步实现，使得城市生活的模式也日渐智慧化。每一个传感设备(比如汽车上、食品供应链上、交通网络上以及手机上的各种各样的传感设备)都具备计算能力和传感能力，可以收集大量的信息，使我们获得的数据比过去多得多。物联网在智慧城市中的广泛应用，可以让人们对许多信息提前掌握，从而做到"运筹帷幄、决胜千里"。比如，出行时，可以通过物联网提前掌握城市中某一个时段每条路上的交通峰值如何、现在有多少车在行驶、某个路口是否拥堵等。在能源管理方面，智能电表帮助居民彻底改变城市人的节电模式，合理分配用电时间和方式，实现便宜用电、量入为出。发电公司和电力公司也可以更加灵活、高效地分配电力。

在河流中安装各种各样的传感器，可以帮助人们了解河流水质如何，有多少废弃物存在，从而让环保部门更有效地整治被污染的河流。

城市中数以万计的监视摄像头,记录的信息数据通过高智能的分析,让公安警察部门可以预测未来的发展情况,找出事件或行为发展的趋势或模式,防止一些恶性事件的发生。各种智能卡的迅速普及,使得人们越来越习惯于自助服务:无人售票的公共交通系统、无人值守的自动柜员机、刷一下身份证就可以办完所有手续的自助登机终端、遍布各个小区的智能门禁系统……

所有智能系统通过物联网而整合在一起,纵横交错,密密麻麻,形成一张捕捉城市信息、感受城市状态、传递城市气息的智慧城市感知网络。

通过互联网、物联网及智能传感设备(RFID、传感器、二维码等)将城市公共设施物联成网,对城市运行的核心系统进行实时感测,并安全可靠地将各种采集信息和控制信息进行实时、准确的传递,实现城市公共设施泛在通信、泛在协同的目的。物物联网化是智慧城市的首要特征和构建智慧城市的先决条件。

信息移动化

借助各种移动终端设备,智慧城市就成了一个能随时随地获取所需信息的城市。利用通信网络的可移动性、信号全覆盖功能,在城市的每一个角落,只要拿出各种移动终端设备就能高速上网,每个人都将随时“在线”。

信息移动主要依靠移动计算和无线通信技术实现。移动计算是随着移动通信、互联网、数据库、分布式计算等技术的发展而兴起的新技术,使计算机或其他信息智能终端设备在无线环境下实现数据传输及资源共享。它的作用是将有用、准确、及时的信息提供给任何时间、任何地点的任何客户。各种移动终端在不固定的

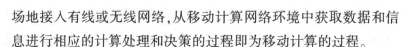

场地接入有线或无线网络,从移动计算网络环境中获取数据和信息进行相应的计算处理和决策的过程即为移动计算的过程。

3G、4G移动通信网为物联网的应用提供了更大的无线带宽和更丰富的移动终端。移动终端技术的发展,促进了行业信息系统的移动化,从无线个域网(WPAN)、无线局域网(WLAN)到无线广域网(WWAN),无线网络无处不在,为移动计算提供了可能,彻底解决了智慧城市信息移动问题,为智慧城市提供了信息传递的无线通道。

和谐高效化

和谐是指大数据的各个子系统可以协调运作,对应的各个部门可以统一、有序地进行协作,体现人和物、人与自然的和谐性,最终实现智慧城市的和谐运作。高效则指云端与大数据信息即取即用,便捷、高效地与各级政府部门、企业、个体之间无缝对接。

在社会效率方面,政府服务职能不断增强,更容易妥善协调利益关系,正确反映和兼顾不同群体的利益。加强社会建设和管理,推进社会管理体制的创新,建立健全社会预警体系。提高保障公共安全和处置突发事件的能力,社会资源兼容共生,把各类社会资源联合起来,形成合力。

例如:政务信息化一个不起眼的wap网站、一份手机报、一套定位系统、一个政务通平台……确实在真实而有效地改变着政府的形象、机关的作风、行政的效能。移动信息化"一点接入、全网服务、一点结算、全天待命"的服务,正在根本性地改变着我们每个人的生活方式,也在革命性地改变着各级党政机关单位组织运营的方式。

推动城市管理方式的变革,让公众成为驱动城市发展的真正核心,促进城市管理方式走向多元化,是智慧城市建设的方向,是加快市政职能转变的推动力,有利于促进政府部门整合自身和社会资源、公共服务供给与经济社会发展良性互动,构建高效的和谐社会。

绿色生态化

智慧城市注重人与自然的和谐关系。随着城市化进程加快,大量人口涌入城市,导致城市人均绿地面积不断减少,环境压力增加;同时,随着城市工业的发展,废水、废气、废渣也侵蚀着城市的生态。

图6 2013年9月29日,北京,市民在中华世纪坛数字艺术馆
"生态智能氧泡"室内互动
图片来源:东方IC

通过无线射频识别技术、生物传感器、声学传感器、化学传感器等,对城市环境施行全方位的信息感知,通过在线监测技术及其处理系统的数据分析,使城市的空气、土壤和水环境等更加洁净。

智慧灌溉系统可以根据植物的需要进行灌溉,达到水的有效使用,节约用水;还可以在不同地点进行灌溉,降低植物对生长空间的要求,开辟更多种植地(如楼顶、外墙)。

信息技术广泛应用于环境保护和能源管理中,智慧城市必然是一个空气清新、处处鸟语花香的绿色生态城市,具备良好的生态能力和可持续发展的能力。同时,智能电网微管理系统的建设与普及,能有效地提升电能使用效率,减少人们生产、生活对环境的压力。

低碳发展特征

人类生产和生活造成的能源安全和全球变暖问题已经成为威胁人类发展的重要因素,因此,减少使用化石能源,约束人类生活方式,降低温室气体排放,发展循环经济,推广低碳技术,积极应对气候变化,走"低碳型"可持续发展之路,是智慧城市的重要内涵之一。

在我国快速城市化和工业化的大背景下,低碳发展刻不容缓。据不完全统计,我国目前有100多个城市提出"低碳城市"口号,并从城市自身的基础和优势出发,进行了不同路径和方式的探究与尝试。

低碳是指较低(更低)的温室气体排放,其内涵包括低碳社会、低碳经济、低碳生产、低碳消费、低碳生活、低碳社区、低碳家庭、低碳旅游、低碳文化、低碳哲学、低碳艺术、低碳音乐、低碳人生等,其中,以低碳经济和低碳生活为其核心内容。低碳技术作为低碳经济的支撑主体,具有两层涵义,狭义上是指与低碳减排直接相关的新能源、节能减排、碳捕捉与封存技术等;广义上是指按照低碳经济发展要求,国民经济中以技术创新为核心支撑因子,致力于降低碳排放量,提高资料、能源利用效率,实现经济可持续发展的所有技术体系。低碳生活就是把生活作息时间所耗用的能量尽量减少,从而减少二氧化碳的排放量。

运用现代信息技术及低碳技术,有效降低温室气体排放,是实现智慧城市低碳化与可持续发展的关键和必然选择。广东省低碳与新能源材料工程技术研究中心是集源头创新、技术攻关、成果转化和创新人才培育于一体的重要科技平台,该中心认为,应该尽量增加风能和太阳能发电或互补发电,综合利用它们各自的优势,通过先进的电网微管理系统及储能装备,保障电力供应的持续和稳定,提高能源的转换效率及利用效率。同时,应该积极促进碳捕获与碳转化技术的开发与应用,这既是"零碳"、减碳技术的有益补充,也可切实减少大气中现有的温室气体。

智能安全特征

智慧城市应该是全面安全的。智能安全指的是,利用云计算、模糊识别等各种智能计算技术,对海量数据和信息进行分析和处理,对物体和环境实施智能化控制,从而达到智能安防的目的,包括公共安全和个体安全。

加强和改进公共服务,强化城市公共安全管理是现代政府的主要职能,也是全面落实科学发展观、构建社会主义和谐社会的重大战略举措。当前,从全国来讲,我国已进入经济社会快速发展和改革攻坚的关键时期,任何不确定不稳定因素都可能影响大局。从各大城市自身看,人员、物品流动越来越多,信息传播越来越快,因而加强和改进城市公共安全管理显得尤为重要。

"安全"顾名思义,是指没有危险,不受威胁,不出事故,没有受伤,完整无损,平安健康。从科学的含义上看,"安全"可以认为是指满足人和物不受损伤、身心健康和完整完满的一种环境、物态和状态,也可以认为是人类对自身利益包括生命、健康、财产、资源等进行捍卫、维护和控制的一种能力。

在不少科幻电影中,一些人工智能机器拒绝服从人类指挥,甚至杀死或控制人类,最终统治世界。当然这些不仅仅是科幻片的事情,为避免这类情况出现,包括英国著名学者霍金在内的数百名科学家和企业家曾联合发表一封公开信,敦促人们重视人工智能安全,确保这类研究对人类有益。他们认为,人工智能技术高速发展,在给人们生活带来便利的同时,可能存在危险性。一些科学家甚至认为,人工智能可能比核武器更具威胁。

人工智能潜力巨大,因而研究如何从中获益并规避风险成为当务之急。如果没有针对人工智能的安全防护措施,可能导致人类的未来变得黯淡,甚至让人类灭亡。短期而言,人工智能可能导致数百万人失业;长期而言,可能出现一些科幻电影中的情况,人工智能的智力水平超过人类,开始"政变"。按人工智能的发展进度,在不久的将来,机器可能以不断加快的速度重新设计自己,超越受制于生物进化速度的人类,最终摆脱人类的控制。这封公开信说:"我们的人工智能系统必须按照我们的要求工作。"一位科学家甚至警告,要警惕人工智能科技过度发展,防止人工智能科技失控并超越人类智慧,最终破坏整个星球。他说,成功创造人工智能科技"将是人类历史上最伟大的成就,但不幸的是,有可能也是最后一项(成就)"。

协同创新特征

习近平曾强调,在带领中国经济社会全面深化改革的过程中必须依托创新行为,无论是制度创新、文化创新,还是科技创新,都必须全面贯彻"协同创新"这个理念。世界不能是单极化的世界,在经济全球化的今天,只有协同创新才能解决落后生产力与人民日益增长的物质文化需求之间的矛盾,这是中国国情和世界经济发展的共同要求。

智慧城市建设涉及政务、安全、交通、能源、教育、医疗、环保等众多方面,更需要秉承"协同创新"的理念,利用物联网、大数据等科技手段,将中国城镇化发展的各个系统深度融合。智慧城市这一新型城市形态,也是协同创新理念的具体体现。协同是手段和前提,要求各种要素的组合、目标、功能表现出统一的整体性;创新是目标和结果,要求各个系统的创新生态表现为不断动态变化。

协同创新是指政府、企业、知识生产机构、中介机构和用户等为了实现重大科技创新而汇聚各类资源和要素、开展大跨度整合的创新组织模式,是一种相互取长补短的智慧行为,从整合角度来说,主要包括知识、资源、人才、资本、信息、技术、行动等;从互动角度来说,主要是指各个创新主体之间针对上述资源的互惠共享,以实现全社会资源的最优化配置。

党的十八大提出了建设中国特色社会主义事业的"五位一体"新布局,即经济建设、政治建设、文化建设、社会建设和生态文明建设。

近年来,上海逐渐建立和形成"五位一体"的技术创新体系,用"五位"支持创新主体,使官产学研用协同创新日臻完善,形成一条以互动机制激发创新活力的产业链。

上海公共研发服务平台建设,是将创新资源集聚和共享的实际举措,为国家科技基础平台的构建提供了可供推广的区域示范,现已有3500多台(套)大型仪器设备服务于长三角乃至全国,已打造和评定了12家产业技术创新服务平台、61家专业技术服务平台,未来还将逐步形成专业鲜明的产业集群。广东省微纳功能材料与器件科技服务平台,是主要面向二次电池、太阳电池、发光与照明、碳捕获与转化等新能源与低碳领域,开展科学研究、产业孵化、技术服务与推广等多元化服务的综合性科技平台,目前服务的企业数量已超过了20家。

近年来,国家陆续公布了一批协同创新中心("2011"计划),它们在国家创新体系建设中发挥了重要作用,在智慧城市建设与发展中也将扮演重要角色。

在智慧城市建设的大背景下,更需要建立"多元、融合、动态、持续"的协同创新模式与机制,鼓励政府、企业和个人进行科技和业务的创新融合和创新应用,为城市发展提供源源不断的原动力,实现泛在信息之间的无缝连接、协同联动;鼓励城市中的各个关键系统和参与者进行和谐、高效的协作,达到城市运行的最佳状态。

人本幸福特征

智慧城市采用技术手段,改善居住环境,解决人们生活遇到的困难和不便,提高市民生活质量和办事效率。出行变得通畅了,食品变得安全了,家务减少了,娱乐更加有趣了,社区居民交流增多了……重要的是,人与人之间更加和谐融洽了。同时,智慧城市要求人们提高自身的修养和素质,增加自我满足感。因此,智慧城市应该是人们幸福感指数很高的城市。

国内生产总值(GDP)、国民生产总值(GNP)是衡量国富、民富的标准,也是衡量国家经济水平、城市经济实力的重要指标。近几十年来,虽然中国的 GDP、GNP 实现了高速增长,但整体的人文发展情况却呈现出与 GDP、GNP 增长不协调的逆态势。人们开始反思经济增长作为衡量社会发展的弊端。

在以人为本的理念下,国民幸福指数 (National Happiness Index, NHI)与经济增长的关系成了关注的焦点,以市民的幸福感指数为评选标准的中国最具幸福感城市的活动,在社会上引起了巨大反响。

国民幸福感正逐步纳入政府领导班子考核体系,并作为领导干部任用的重要依据,比如南京市,客观指标共 42 项指标,全面反映幸福城市建设的着力点和主要内容,占考核权重的 70%;主观指标共 21 项,反映群众全方位、多层面的满意度指标,占考核权重的 30%。这切实地推动了"智慧南京"的发展进程。

所以说,智慧城市建设应该以人的需求为出发点,以人本幸福为归宿点。

美丽中国目标

智慧城市建设是一场深刻的变革。它融合了云计算、物联网、大数据等新一代高新技术,是一门关于城市健康、有序、智慧发展的综合性学问。

党的十八大提出工业化、新型城镇化、信息化、农业现代化"四化"融合的方针,将中国的经济发展、科技创新和社会需求,推进到了一个新的战略制高点。智慧城市为实现美丽中国梦提供了现实路径。中国梦,就是要用智慧为人民构筑幸福生活;中国梦,就是让人民共享时代的发展成果。

"智慧城市"是"美丽中国"密不可分的重要组成部分

"美丽中国"建设是经济、政治、文化、社会、生态建设全程综合推进的过程,"智慧城市"则是"美丽中国"在现实中扎实落地的基本支柱。因此,"智慧城市"建设和"美丽中国"建设是深度融合、共同发展的高度统一。

当前,要坚持走中国特色新型工业化、信息化、城镇化、农业现代化道路,必须推动信息化和工业化深度融合、工业化和城镇化良性互动、城镇化和农业现代化相互协调,促进工业化、信息化、城镇化、农业现代化的同步发展。"智慧城市"恰恰是新四化的交汇点,成为未来中国城市建设和国家全面发展的历史方向。"智慧城市"的根本目的是建设更高程度的现代文明、全面普及应用的信息化技术、根本性提升的政府管理和服务能力、快速提高的人民生活幸福程度,这些努力方向和着力点都恰恰是我们实现"美丽中国"的必经之路。可以说,没有"智慧城市"的普遍发展,"美丽中国"就缺乏坚实有力的现实物质基础。

"美丽中国"是"智慧城市"的应有之义。如前所述,"智慧城市"建设的实现有赖于经济、政治、文化、社会、生态文明的全面发展。很难想象,"智慧城市"的建设能够脱离开更加绿色、高效的生产方式和环境友好型产业的持续发展,脱离开决策效率更高、服务更周到、工作机制更灵活的政府,脱离开文化创造活力持续进发、思想道德和科学素养持续提升的文化环境,脱离开民生更幸福、创新力更强的社会环境。而这些,恰恰都是"美丽中国"建设的基本内涵和目标。可以说,没有"美丽中国"的持续发展,"智慧城市"建设就成了镜花水月。

本篇小结

　　本篇归纳了当前智慧城市的主要特征,包括:信息共享化、物物联网化、信息移动化、和谐高效化、绿色生态化、低碳发展特征、智能安全特征、协同创新特征、人本幸福特征、美丽中国目标,作者在此归纳为"五化四特征一目标"。结合前后文关于智慧城市的概念、技术手段、发展目标、应用领域等内容,提出和设计了智慧城市建设架构图,如下图所示。

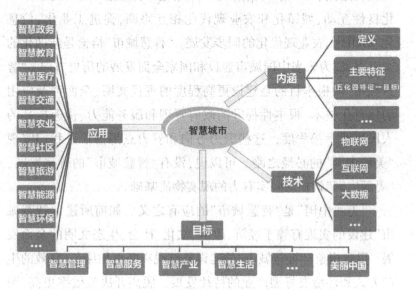

图7　智慧城市建设架构图

案例篇

该部分是本书的附录篇，其涉及案例主要选自杨冰之、郑爱军主编的《智慧城市发展手册》，后经作者对之略加修改和提炼

第十七章　国外智慧城市建设案例

1. 新加坡

关于新加坡"智慧国 2015"(iN2015)

新加坡是最早提出建设智慧城市的国家,"智慧国 2015"或称"iN2015"规划是新加坡于 2006 年 6 月推出的一个为期 10 年的资讯通信产业发展蓝图,旨在将新加坡建设成为一个以资讯驱动的智能化国度和全球化都市。该计划同时也描绘了资讯通信将如何改变人们生活、工作、学习与交流的方式。有三大关注重点:其一,建设新一代资讯通信基础设施,为新加坡企业、市民和政府提供通畅的网络连接;其二,发展充满活力的由优秀人才支持的资讯通信产业,以满足新加坡未来的需求;其三,推动资讯通信在主要经济领域、政府部门乃至整个社会的发展中发挥积极作用。由新加坡资讯通信发展管理局领导的"智慧国 2015"计划结合了人民、企业和政府部门的共同努力。

新加坡通过四项战略要点来实现愿景。一是通过更复杂和创新性的应用信息通信,引领关键经济部门、政府和社会的转变;二是建立超高速的、无处不在的、智能的和信任的信息通信基础设施;三是开发具有全球竞争力的信息通信工业;四是开发懂信息通信的劳动力大军和具有全球竞争力的信息通信劳动力。

图8 2013年3月12日,新加坡,行色各异的城市低碳节能建筑物,个性独特的建筑外观,令人耳目一新

图片来源:东方IC

新加坡认为,智慧城市发展的基石是完善的资讯通信基础设施。自2006年,推出资讯通信发展蓝图"智慧国2015"规划以来,新加坡一直努力建设以资讯通信驱动的智能化国度和全球化都市,并得以成为全球资讯通信业最为发达的国家之一,提升了各个公共与经济领域的生产力和效率。

新一代宽带网络在2012年已经实现95%的覆盖率,最高网速达1G,用户近百万,家庭用户和企业用户可以订阅由数十家服务提供商提供的多种光纤宽带网络接入服务方案。全岛部署了近万个无线网络公共热点,相当于每平方千米有数十公共热点,访问速度高达1Mbps,目前用户数近百万。

新加坡建立起一个"以市民为中心",市民、企业、政府合作的"电子政府"体系,让市民和企业能随时随地参与到各项政府机构事务中。这为新加坡人的衣食住行和企业的商业运作带来了极大的便利。最新的电子政府调查显示，93%的民众在办理政府业务的过程中采用过电子方式，相比 2010 年的 84%，上升了 9%。新加坡由新加坡岛和附近的 63 个小岛组成，2008 年人口 484 万，面积 699.4 平方千米，其中新加坡岛占全国面积的 88.5%，是世界上人口密度最高的国家之一。作为一个国土狭小、资源匮乏的城市型国家，近些年来新加坡高度重视绿色环保节能建设，全力打造智慧花园型城市国家，从而为其经济的长期可持续发展奠定了坚实基础。新加坡的绿色环保节能措施主要体现在构建智能交通系统、发展清洁能源、推广"绿色建筑"、废水利用、垃圾处理等方面。

"智慧花园城市"发展战略

智能交通

在新加坡，平均每人拥有 1.6 辆机动车，这给城市交通造成了极大的压力。由于交通拥堵导致效率降低、环境破坏和财产损失等，每年因此造成的损失占 GDP 的 1.5%到 4%。1998 年开始，新加坡陆路交通管理局着手建造电子道路收费系统（Electric Road Pricing），通过对道路交通数据的收集和测算来界定拥堵路段，汽车在交通拥堵路段通行时要进行收费。这一做法在世界上还是首创，并取得了很好的成效。据新加坡陆路交通管理局报告称，道路通行量相比交通高峰时期减少了 25000 辆汽车，车流量却提高了 20%。除此之外，新加坡陆路交通管理局还将城市路网信息联接成网络，安装传感器、红外线设备，通过优化交通信号系统、电子扫描系统、城市快速路监控信息系统、接合式电子眼以及 ERP 系统等提供历史交通数据和实时交通信息，对预先设定的时段(10 分钟、15 分钟、30 分钟、45 分钟和 60 分钟)的交通流量进行预测。通过控制近两千个交通信号灯，对未来一小时内各个路段情况的平均预测准确率达到惊人的 85% 以上，10 分钟内的预测结果准确率更是高达 90%。新加坡市民可以通过手机网络、车载 GPS 查询未来一小时内的交通情况，并选择合适的出行时间和路线。

清洁能源

近年来，新加坡致力于将本国打造成世界清洁能源的枢纽之一。2008 年，新加坡引进外资的"第一单"就是在清洁能源领域。新能源公司纷纷宣布在新加坡投资建厂，计划投资百亿美元在新加坡兴建世界最大的综合太阳能制造中心。制造中心建成投产后，每年可以生产 1500 兆瓦的太阳能晶片、电池和制造模块，占全球总产量的三分之一左右。这项投资将把新加坡推上太阳能领域的世界舞台。新加坡近年来吸引了许多世界级的重大项目落户，包括燃料电池巨资研发、太阳能公司等，无一不表现出新加坡在发展清洁能源领域已经抢得先机。

智能建筑

据欧洲建筑师协会测算，普通建筑全过程使用了 50% 的能源、42% 的水资源、50% 的原材料，导致了 50% 的空气污染和 42% 的温室效应，产生 48% 的固体废弃物。新加坡是一个资源稀缺到连沙石和水都需要进口的岛国，面对有限的资源和持续发展的矛盾，政府通过政策鼓励、立法管制、市场推动和宣传教育等多种方式推广节能、环保的绿色建筑。2006 年新加坡建筑垃圾产生量约为 60 万吨，日均产生量约为 1600 吨，但 98% 的建筑垃圾都得到了处理，一半多的建筑垃圾实现了循环利用。在新加坡维多利亚街中心，有一个地标性建筑——国家图书馆。这座高 16 层、耗资数亿新元的前卫式建筑物，总面积 5.8 万多平方英尺。然而，这座建筑最令人关注的亮点并不是其宏伟现代的外观设计，而是隐藏其内的符合生态气候、令人耳目一新的系列环保节能设计。这幢建筑首先选用最佳的建筑朝向和位置,尽量减少热负荷,充分利用自然风,并利用围护结构的隔热性能,防止热的传递,其外沿大都用玻璃天蓬遮盖。整体建筑分割为两个体块,其中一个体块悬于地面之上,使风可以自然流通,从而起到降温作用。中庭的玻璃顶上安装了百叶,利用对流将热空气抽离室内,自然形成空气对流。此外,该建筑设置了阳光遮蔽系统,采用了日光照明策略,尽可能多地获得自然光。室内的光线与气温可随室外变化而进行宜人的调整,建筑内部只有部分采用空调制冷,其余均利用自然通风或机械(如风扇)降温。充足的光照和一系列避光设施的安装,使得大部分室内空间可以利用自然光,而不需要过分地借助于电灯的使用。建筑师还在建筑内部采用了一套温控分区系统,为每个区域定制了个性化的气温控制方案。

废水利用

新加坡现有的 4 家新生水厂,可将废水转变成符合国际饮用标准的水,这种水可以满足国家 15%的用水量。目前,新加坡的新生水主要用于芯片制造、制药等需要高度纯净水的工业及建筑物冷却系统等,还有一小部分供居民饮用。2009 年 6 月,新加坡公用事业局宣布樟宜污水处理厂项目启动,这是世界上规模最大、最具创新性的污水处理过程之一。该项目占地规模仅为同类废水处理厂的三分之一,每天可以按照国际标准处理 80 万立方米的污水。经过处理的废水一部分通过深海管道排放到 5 千米以外的海里,一部分输入新生水工厂,最终成为"新生水"。

垃圾处理

作为新加坡惟一的垃圾填埋场,根据目前的填埋量,新加坡垃圾填埋场预计在 2045 年达到饱和点。但新加坡寸土寸金,要再开辟另一个垃圾处理场谈何容易。为此,新加坡着手进行各种环保绿化方法,包括减少垃圾、废物利用以及垃圾循环。新加坡国家环境局负责减少垃圾方案的策划工作, 其所设定的长远目标是"零"垃圾填埋及"零"垃圾。

在垃圾循环方面。根据新加坡"环保绿化计划2012",新加坡计划在 2012 年前达到 60%的垃圾循环率。有鉴于此,国家环境局不断推广社区和工业废物循环。在社区垃圾循环方面,国家环境局的"全国循环计划"提供住户环保袋或环保盒,每两个星期由指定的环保公司回收所收集的可循环垃圾。

为了减少垃圾填埋场的垃圾, 在循环不可焚化的垃圾方面,新加坡也取得了有效成果,目前已有再循环建筑业废料和造船厂铜渣的设施。为了更进一步减少垃圾填埋场的垃圾,一系列的再循环灰烬与淤泥, 包括把焚化厂的底渣转化成有用的建筑材料,也都在进行中。为了从源头上抑制垃圾量的增长,新加坡国家环境局已与制造商和零售商研讨如何减少制造产品所需要的材料和包装,以及设计更好的环保产品。

2. 美国

2009 年,奥巴马就任美国总统后,与美国工商业领袖举行了一次圆桌会议。作为仅有的两名代表之一,IBM 首席执行官彭明盛在会上提出"智慧地球"(Smart Planet)这一概念,建议奥巴马政府投资新一代的智慧型信息基础设施。

奥巴马政府将智能电网项目作为其绿色经济振兴计划的关键性支柱之一。2009 年 2 月,美国总统奥巴马发布的《经济复苏计划》中提出,计划投资 110 亿美元,建设可安装各种控制设备的新一代智能电网,以降低用户能源开支,实现能源独立性和减少温室气体排放。同年,美国商务部和能源部共同发布了第一批智能电网的行业标准,这标志美国智能电网项目正式启动。

2009 年,美国迪比克市宣布,将建设美国第一个智慧城市。这里风景秀丽,密西西比河贯穿城区,它是美国最为宜居的城市之一。利用物联网技术,将城市的所有资源(包括水、电、油、气、交通、公共服务等)数字化并连接起来,监测、分析和整合各种数据,进而智能化地响应市民的需求并降低城市的能耗和成本,使迪比克市更适合居住和商业发展。

迪比克市的第一步是给所有住户和商铺安装数控水电计量器,其中包含低流量传感器技术,防止水电泄漏造成的浪费。同时搭建综合监测平台,及时对数据进行分析、整合和展示,使整个城市对资源的使用情况一目了然。更重要的是,迪比克市向个人和企业公布这些信息,使他们对自己的耗能有更清晰的认识,对可持续发展有更多的责任感。

3. 纽约

智慧城市建设方面,纽约市一直都走在世界前列。在博伊德科恩博士排序的全球第一次智慧城市名单中,纽约位居第四。2009 年,纽约建立分析解决方案中心,用来解决"需要建立智慧城市复杂功能不断增长的需求,并帮助客户优化业务流程和业务决策的方式"。在纽约,城市已建立了预防火灾和第一反应系统,此外还可以鉴明可疑的退税申请,这一方法预计将在 5 年内可为城市节省约 1 亿美元。

2012 年纽约市通过了《开放数据法案》,根据《开放数据法案》要求,除了涉及安全和隐私的数据以外,纽约市的政府及分支机构所拥有的数据必须对公众实施开放。市民们使用这些信息不需要经过任何注册、审批的繁琐程序,使用数据也不受限制。

在这样的开放数据平台上,与人们生活息息相关的各类数据都能一览无余。既有按邮政编码分区域的人口统计信息、用电量、犯罪记录、中小学教学评估等历史数据,也包括地铁公交系统的动态实时运行数据;既涵盖小区噪音指标、停车位信息、住房租售、旅游景点汇总等与公众生活密切相关的数据,也包括饭店卫生检查、注册公司基本信息等与商业密切相关的数据。

作为维系社会良好运行的工具,纽约市政府鼓励市民查看和使用这些数据。公众可以根据开放数据平台上提供的信息,表达意见和提出看法,当然也会有专门的工作人员负责处理这些诉求。

不仅如此,基于该平台,数据的展现不仅为普通市民们带来了福利,也由此产生了大量的数据分析、具体应用开发的网站和创新团队。大量高科技人才和企业对政府公开的数据进行利用和研发,创新前沿科技和应用,创造巨大的商业价值,展现这些海量公共数据的服务能力。

另外美国将原本用于军事的卫星定位系统 GPS 向公众开放使用,并且取消了对民用 GPS 精度的限制。从汽车导航、精准农业耕作到物流、通讯等,GPS 的开放不仅服务了人们的生产生活,还创造了大量的就业岗位。据估算,仅美国国内就有约三百万的就业岗位依赖于 GPS。

纽约还建立了智慧城市技术创新中心进行新兴技术的研究、教育和劳动力培训,这些新兴技术包括:智能设备、计算机芯片、集成系统、为监控调整公路状况和改善交通流量进行数据收集和分析的操作软件;中心还具有保护桥梁、数据中心以及水处理工厂等重要基础设施的作用;并且还在教育领域提供电子安保。按

照科学的城市发展理念,利用云计算、物联网、大数据等新一代信息技术,在泛信息全面感知和互联的基础上,实现人、物、城市功能系统之间无缝连接与协同联动的智能自感知、自适应、自优化。从而对政府服务、商务活动、民生、环保、公共安全等多种城市需求做出智能优化和及时响应,形成具备可持续发展、便捷、高效、绿色、安全的智慧城市形态。

4. 欧盟

欧洲的智慧城市更多关注信息通信技术在城市生态环境、交通、医疗、智能建筑等民生领域的作用,希望借助知识共享和低碳战略来实现减排目标,推动城市低碳、绿色、可持续发展,建设绿色智慧城市。

欧盟在其新能源研究投资方案中,为"智慧城市"建设选择近30个城市发展低碳住宅、智能交通、智能电网,提升能源效率,应对气候变化。这些城市包括哥本哈根、赫尔辛基、阿姆斯特丹、巴塞罗那,斯德哥尔摩、曼彻斯特等。欧盟还重点支持未来互联网、云计算、物联网等关键领域的研究,鼓励城市与企业界伙伴组成团队申请欧盟资助,研究如何整合性地管理城市能源流(Energy Flows),包括交通、水、垃圾处理、建筑供暖与制冷系统等。

奥地利维也纳大学区域科学中心、荷兰代尔夫特理工大学等机构合作,从智慧经济、智慧人群、智慧治理、智慧生活、智慧移动、智慧环境等六个维度,通过一系列要素指标来衡量典型欧洲中等城市的可持续发展与竞争力。据其发布的《欧洲中等城市智慧城市排名》报告,排名前三位的分别是卢森堡、丹麦的奥胡斯(Aarhus)、芬兰的图尔库(Turku);丹麦和芬兰位居榜单前列的城市较多,城市总体的智慧化程度较高。包括信息通信技术与可持续的低碳经济、信息通信技术与研究创新、高速开放的互联网、在线市场与接入创新、国际信息通信技术竞争及其对经济增长和就业的影响、公共服务和信息通信技术对提高人们生活品质的作用。其构建内容主要涉及两方面,一是社会的发展需要由一种绿色的理念指导,这种理念在社会发展中的外在表现就是"可持续性""低碳性""环境友好性"等;二是信息通信技术在这一发展中应该起的作用,以及如何突破、改进目标应用发展中的瓶颈。以下是欧洲两个智慧城市的建设情况。

5. 斯德哥尔摩

瑞典首都斯德哥尔摩是 2009 年"年度智慧城市"奖获得者。由国际某智囊机构"智能社区论坛"颁发的这一奖项表明:该城市在智能交通、宽带部署、创造和维持知识型劳动力的能力、数字包容性、城市创新能力、市场营销与宣传能力等领域均有优秀表现。

2009 年,欧盟委员会将斯德哥尔摩命名为欧洲第一个绿色首都。理由是斯德哥尔摩的城市发展整体构想提出,经济增长与可持续发展相结合,预计到 2050 年成为不依赖矿物燃料的城市。

智慧交通

智能交通是智慧斯德哥尔摩最重要的应用领域。从近 15000 辆出租车驾驶室内的全球定位系统中收集实时信息,帮助斯德哥尔摩改善整体交通和通勤状况。此外,该系统还帮助收集和分析货车、交通流量、运输系统、污染检测、天气信息等数据,从而寻找降低二氧化碳排放的可靠途径。斯德哥尔摩市从 2006 年开始试

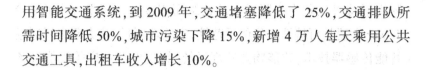

用智能交通系统,到 2009 年,交通堵塞降低了 25%,交通排队所需时间降低 50%,城市污染下降 15%,新增 4 万人每天乘用公共交通工具,出租车收入增长 10%。

优质、均等的基础设施惠及全民

20 世纪 90 年代初,瑞典放开了电信服务市场。斯德哥尔摩市政府成立了一家公司,负责建设整个市政区光纤网络。用遍布全市的光纤传输基础设施为相互竞争的 400 多家运营商提供基础的传输服务,为所有运营商提供一个公平竞技的平台。这种模式,使得该市通信成本远低于让运营商各自建立网络的成本。建立传输基础设施后,斯德哥尔摩市政府开发供市民使用的电子服务的计划。目前该城市已在提供一系列便民的在线服务。

6. 阿姆斯特丹

荷兰阿姆斯特丹市以可持续发展为主要目标,提出了可持续的生活,可持续的工作,可持续的交通,可持续的城市空间四大战略。

一是可持续的生活战略。阿姆斯特丹拥有 40 万户居民,是荷兰最大的城市。居民二氧化碳排放量占全市二氧化碳排放总量的三分之一。通过智能化的节能技术,可以很大程度地降低城市居民的二氧化碳排放量。在该市 Geuzenveld 地区,电网管理者为超过 500 户家庭安装智能电表和能源反馈显示设备,促使居民更加关心自家的能源使用情况并学会制定家庭节能方案。这项举措帮助这些家庭节省能源 8% 以上,其二氧化碳排放量则降低近 9%。

二是可持续的工作战略。阿姆斯特丹市可持续的工作战略的内涵在于建立智能化大厦,降低商业工作领域的能源消耗。位于阿姆斯特丹世贸中心附近、总建筑面积接近 4 万平方米的 ITO Tower 大厦是可持续工作的示范性、实验性项目。该大厦主要通过智能传感器技术，智能物业管理系统，智能电源插座等智能设备降低工作区能耗，提升绿色能源的使用效率。

三是可持续的交通战略。主要是在港口电站配备电源接口，为传统交通工具提供清洁能源。阿姆斯特丹的 Ship To Grid 项目为轿车、公车、卡车、游轮等交通工具提供清洁能源。其中的智能电话支付系统和清洁能源发电体系都是阿市在智慧城市建设领域的创新型技术。阿姆斯特丹港口的 73 个靠岸电站中，现已配备 154 个电源接口，可为使用电源动力的游船与货船充电。这样可以减少柴汽油和其他不可生能源的使用量，降低能耗，保护环境。

四是可持续的公共空间战略。2009 年 6 月启动的气候大街(Climate Street)项目，主要是对后勤部门、公共空间和商户进行智能化改造，垃圾运输、回收使用清洁能源车辆，街道照明使用可随行人数量调节的智能照明系统，大量使用太阳能发光设备，为商户安装智能电表和能源反馈装置等。这些技术措施提高了街区的电源使用率，改善了当地的环境，也让很多商户有了节约能源、废物回收的意识。

阿姆斯特丹的智慧城市战略，也包括了节能减排和可持续发展目标。阿姆斯特丹面积 219 平方千米，仅占荷兰国土面积的 0.5%，而它的二氧化碳排放量相当于荷兰全国的 33%。若按目前的发展速度，预计到 2025 年，阿姆斯特丹的二氧化碳排放量将达每年 635 万吨，较 2006 年增长 25%以上。通过实施可持续的智慧城市战略，预计可将 2025 年二氧化碳排放量在 635 万吨这个基础上降低 60%，实现整个城市的可持续发展。

阿姆斯特丹"智慧型"城市将使用传感器、计算机和智能手机组织起来的信息网,让城市管理变得更透明。其"智慧城市"的理念是数字技术将让城市生活变得更环保、更具有可持续性、更让人开心,当然也应该让城市变得更繁荣。

7. 韩国

韩国提出了 U-Korea 国家战略,即是以无线传感器网络为基础,把韩国的所有资源数字化、网络化、可视化、智能化,以促进韩国经济发展和社会变革的新战略。

2004 年 3 月,韩国政府推出了 U-Korea 发展战略,希望使韩国提前进入智能社会。"u"是英文 ubiquitous 的缩写,意为"无所不在"。十多年过去了,神奇的无线传感器网络正改变着人们对韩国的城市体验,这个昔日的"亚洲小龙"正以积极的姿态站在信息时代的潮头

韩国城市进入 U-City 时代

在韩国,U-Korea 战略的核心是"IT839"行动计划。该计划的主要内容包括 8 项服务、3 个基础设施、9 项技术创新产品。2005年,韩国政府还将"IT839"行动计划修改为"U-IT839"行动计划。8项服务不仅融合了数字多媒体广播(DMB)和数字电视,追加了网络电视(IPTV)。这意味着韩国将积极引入通信、广播的组合服务。在 3 个基础设施中,包含下一代互联网协议(IPv6)、宽带聚网以及软件基础设施,这将极大促进韩国电子信息产业的发展。在 9 项技术创新产品中,把移动通信和远程信息服务结合起来,并增加了 RFID/USN,为打造"智能社会"打下基础。

建设 U-City 是 U-Korea 发展战略在韩国城市的具体实施。U-City 是一个可以把市民及其周围环境与无所不在技术 (Ubiquitous

Technology)集成起来的新的城市发展模式。U-City 把 IT 包含在所有的城市元素中,使市民可以在任何时间、任何地点、从任何设备访问和应用城市元素。

韩国中央政府和地方政府都非常支持 U-City 建设。2007 年 6 月 7 日,为了 U-City 工作顺利落实,韩国信息通信部在韩国信息社会振兴院(NIA)召开 U-City 支援中心成立吹风会,相继主持 U-City 测试环境(Test Bed)报告会。首尔、釜山、仁川等 6 个地区成为 U-City 示范区。

2009 年 10 月合并的韩国土地公社和韩国住宅公社实施 U-City 项目。根据韩国土地公社计划,韩国到 2012 年完成六大创新城市中的大田道安、仁川青萝、世宗幸福城市的 U-City 建设,2009 年项目招标。光州罗州、全北全州、原州等地在 2009 年年初进行了 U-City 项目招标,从 2010 年开始启动项目。牙山市的排芳、乌山市的细桥、水原市的好梅实这三个新城的 U-City 建设计划也已经实施。这意味着,规模达 5000 亿韩元的 U-City 计划大举启动。U-City 极大地促进了韩国电子信息产业的发展。

韩国政府倾力打造的 U-City 正在从根本上改变着韩国人生活的方方面面。在首尔,通过手机、笔记本电脑或公共场所里安装的触摸屏,市民可以查看实时空气质量、交通状况。首尔市还推出定制短信服务,有呼吸系统疾病的人能够得到空气质量和污染警示,上班族则能随时了解道路交通拥堵情况。2009 年年初,首尔推出了儿童安全计划。参加该计划的家长通过在孩子的衣服或背包上添加电子识别设备来随时掌握孩子行踪。如果孩子离开指定区域,家长和警察就会接到警报,之后可以通过孩子的手机对其进行定位。

下面从城市设施管理、城市安全、城市环境、城市交通、城市生活等方面介绍韩国 U-City。

在城市设施管理方面,利用无线传感器网络,管理人员可以随时随地掌握道路、停车场、地下管网等设施的运行状态。例如,城市供水系统的管道漏水会浪费宝贵的水资源。韩国供水系统管道漏水率全国平均水平为 14.1%,大城市供水系统管道漏水率为 10%。漏水率每降低 1%,一个城市一年可节约 40 万美元。利用基于无线传感器网络的 u-设施管理系统(U-FMS),可以实时监测流量、水压和水质,对漏水情况及时进行处置。仅此一项,韩国一个城市一年平均可节约 564 万美元。

在城市安全方面,传统火灾监测需要配备高清晰度摄像机,而且很难区分火灾烟雾和自然雾气。利用红外摄像机和无线传感器网络,在监测火灾时,可以突破人类视野限制,提高火灾监测自动化水平。监控中心利用 GIS 可以对火灾发生地点进行定位,LCD 大屏幕可以播放火灾现场情况,视频监控系统可以实时监控火灾现场。U-中心由传感器监测系统、集成数据分析系统、广播系统、外灯控制系统、门控系统、基于位置的短信服务系统、通风控制系统、三维 GIS 等组成。当大楼遇到紧急情况时,U-中心可以监测现场,控制门、通风系统、灯等,通过广播、短信告知险情。

儿童走失是普遍问题。韩国每年寻找走失儿童的社会代价是 47.6 亿美元,平均到每个走失儿童为 56 万美元。如今,韩国在城市的街头安装智能视频监控系统,该系统可以进行人脸识别,当探头发现走失儿童时,就可以向警察发出报警信息。

在城市环境方面,U-环境系统可以自动给市民手机发送是否适宜户外运动的提示,市民还可以实时查询气象、交通等方面的信息。据统计,可吸入颗粒物污染程度最高的城市与最低的城市的死亡率差异 17%。而 72.8% 的可吸入颗粒物在道路表面,多数来自汽车和沙尘。利用 U-环境系统,可以根据空气可吸入颗粒物浓度,自动开启道路洒水系统,不但可以减少可吸入颗粒物,还可以降低城市热岛效应。U-环境系统一般由空气污染监测系统、清洁道路系统、水循环系统组成。

在城市交通方面,U-交通系统是智能交通系统(ITS)发展的高级阶段。U-交通系统一般包括公交信息系统、残疾人支持系统、公共停车信息系统、智能交通信号控制系统、集成控制中心组成,并与 U-家庭、U-安全、U-设施管理、U-门户、U-服务等系统互联互通。安装在公交车上的 GPS 系统可以给公交车实时定位,并计算与下一站的距离, 然后将公交车位置和距离信息发送给公交车站电子显示屏,乘客可以知道某路车预计到达时间。安装在路口的传感器可以感知路口车辆, 智能交通信号控制系统可以根据各路口的车辆数来决定红绿灯时间,提高路口通行效率。市民开车到某地,就可以通过公共停车信息系统知道附近停车位信息。

在城市生活方面,韩国首尔不少街道或广场安装有一种生态友好的媒体显示屏,这种显示屏利用电子芯片,可以使 LED 的能耗降低 26.7%。通过不同环境背景下的亮度控制, 可以使显示屏能耗降低 18%。首尔有条媒体街,街道两边立有许多媒体柱。媒体柱包括了街灯、视频监控探头、LED、网络摄像头、触摸屏、脚灯 / 安全后灯、麦克风。媒体柱具有上网、拍照、玩电子游戏等娱乐功能,还可以进行电子投票。

U-City 发展可以分为互联阶段(Connect)、丰富阶段(Enrich)、智能阶段(Inspire)。互联阶段偏重信息基础设施建设、如无线网络、传感器安装;丰富阶段偏重服务,即提供无所不在的服务,如 U-服务;智能阶段偏重管控一体化,如 U-中心。目前,韩国 U-City 已逐步进入智能阶段。即利用无所不在技术(U-IT),特别是无线传感器网络,达到对城市设施、安全、交通、环境等智能化管理和控制。

8. 日本

曾几何时,全球众多互联网及移动电话使用者因观看日韩世界杯而到访日本。为了应对当时有线和无线网络应用匮乏的情况,日本政府召开 IT 战略会议,创立 IT 战略总部,集中研究国家信息化战略。2003 年 1 月,IT 战略总部提出了推行"e Japan"战略的口号。2004 年,日本总务省提出"U-Japan"计划,旨在推进日本信息通信技术建设, 发展无所不在的网络和相关产业, 计划到2010 年将日本建设成一个"任何时间、任何地点、任何人、任何物"都可以上网的环境,并由此催生新一代信息科技革命。2009 年 7月, 日本政府 IT 战略本部推出了以 2015 年为截止期的中长期信息技术发展战略"I-Japan 战略 2015"。"I-Japan"战略旨在构建一个以人为本、充满活力的数字化社会,让数字信息技术如同空气和水一般融入每个角落,并由此改革整个经济社会,催生新的活力,积极实现自主创新。"I-Japan"战略的要点在于实现数字技术的易用性,突破阻碍数字技术适用的各种壁垒,确保信息安全,最终通过数字化和信息技术向经济社会的渗透, 打造全新的日本。"I-Japan"战略由三个关键部分组成,一是建立电子政务,医疗保健和人才教育核心领域信息系统;二是培育新产业;三是整顿数字化基础设施。

日本智慧城市建设的初期,主要是从汽车交通和基础信息网络两大方面入手,建立智慧城市的雏形,然后再向其他方面扩展。在汽车交通方面,丰田公司提出"智能化高速公路"设想,包括汽车、高速公路、交通管理三大块。汽车实现高度信息化,车载终端可以利用外部信息选择最佳行驶方案，可以选择安全运行状态，避免追尾、碰撞障碍物和违规行驶等问题。包括高速公路在内的所有公路均由信息技术控制，随时提供充足的信息服务，并避免各种自然灾害的发生。在信息网络方面，日本智慧城市建设现已初见成效。目前光纤网络已经进入城市的各个环节，网络带宽达 100G 以上，模拟电视全部退出，有线电视已经成为家庭信息终端机。当前，日本智慧城市建设是以企业和地方政府为主力军，主要向节能和环保方向发展。日本东芝公司计划在大阪附近建设一座智能化的样板城市，市内全部采用可再生能源，并配备有通讯功能的新一代智能电表和家用蓄电池，使节能效果达到最佳；污水经处理后循环进入自来水管道，实现水资源的最大化利用。日本松下公司在神奈川县建设一个智能园区，采用太阳能电池板发电，家庭燃料电池蓄电，LED 照明，并建有电动汽车快速充电站等。

在政府推进政策措施方面，日本政府主要扮演推动者和协调者的角色。政府极力将企业推到前台，发挥企业的积极性，充分利用企业拥有的先进技术和管理经验。而政府的作用是总体规划，确定发展智慧城市的重点区域和重点项目。日本政府决定先在大城市周边地区建立智慧城市的样板，待其初步成熟和市民基本认可后再向市区推广。日本政府强调智慧城市建设以民生为重点，让市民看到实实在在的利益，得到市民的充分理解。地方政府参与智慧城市建设的积极性尤其高涨，如横滨市、丰田市、京都市、北九州市都向日本政府提交了发展智慧城市的整体规划，规划的重点是利用最新节能技术和信息技术，对家庭、建筑物和社区实施智能化能源和资源管理。其政策目标更倾向民生，如建立"智能家庭"试点，让城市居民实际看到并感受到智能生活的好处，进而得到市民的支持。此外，日本政府全力支持企业参与国际智慧城

市项目的竞争。经济产业省已经拨出上百亿日元专款,支持国际商业合作项目。

日本还经常举办与智慧城市有关的展览会,提高日本在国际智慧城市建设市场上的影响力。这些举措将为日本争取未来全球智慧城市标准化和规范化建设中的重要地位奠定了基础。

9. 澳大利亚

布里斯班(Brisbane)是澳大利亚第三大城市,拥有全国最大的海港,是被誉为"智慧之州"的昆士兰州的首府和主要工商业中心。布里斯班位于布里斯班河下游,市中心距河口 25 千米。城市西面已和伊普斯威奇连成一片,东面则扩至自雷德克利夫与雷德兰之间的沿海岸地区,面积 2494 平方千米,人口约 112 万。布里斯班是一个崭新的现代化城市,市内有大小公园近 170 处,其中艾伯特公园、鲍恩公园、斯劳特瀑布公园、罗马街公园和皇后公园等较为有名。它的黄金海岸和大堡礁是世界上著名的旅游景点,每年都吸引着世界各地成千上万的游客。

布里斯班市政府通过"绿心智慧城市计划",以"气候变化和能源工作组"为智囊团提供城市发展建议,推动绿色交通系统、绿色基础设施等绿色智慧城市建设行动,将布里斯班打造成为澳大利亚最为节能环保的城市之一。此外,布里斯班每年举办全澳洲的"智慧城市创新节",通过构建开放的绿色智慧城市建设创新网络,高效推进绿心智慧城市计划的实施。

绿心智慧城市计划(Green Heart CitySmart)

布里斯班市议会在城市建设中全面推行"绿心智慧城市计

划"，目标是在 2026 年将布里斯班建设成为一座"无碳城市"。"绿心智慧城市计划"目前主要包含绿色清洁能源的使用、金融支持体系和生态多样化城市建设等几方面的内容,通过清洁能源技术的开发与利用、强化全民环保意识、制定环保法规政策、绿色基础设施建设、智能交通、城市生态建设等多项举措,构建低污染、低排放、低能耗的绿色智慧城市。目前,布里斯班人均日用水量为 140 升,低于中国 2007 年人均日用水量 150 升的水平(中国目前这一指标已远远高于 2004 年的水平)。2006 年布里斯班市每户居民的二氧化碳、甲烷等温室效应气体排放量为 16 吨,市议会在 2012 年将这一指标降到 10 吨。研究表明,为了阻止全球气候变化,地球上每年人均温室效应气体排放量应不高于 1 吨,这也是布里斯班节能环保计划的终极目标。

气候变化和能源工作组(Climate Change and Energy Workforce)

2006 年 8 月,布里斯班市议会组建了气候变化和能源工作组。该工作组是一个独立机构,目的是帮助市议会提供应对全球气候变化、日渐增长的能源需求和不断上涨的油价等棘手问题的对策和建议。第二年工作组向布里斯班市建设和协调委员会提交了最终报告,该份报告包含了涉及 8 大战略领域的 31 项建设性意见。市议会经过认真讨论,采纳了其中的 22 项建议。这些建议紧紧围绕推广和使用清洁环保能源这一主题,从低碳能源使用、生态环境建设、绿色基础设施、智能交通、废气处理等方面提供解决方案,在联邦、州政府、企业和全体公民的共同努力下,实现城市的绿色智能建设。

绿色智慧城市建设行动

随着工业经济的发展，人均能耗和废气排放量在不断上升。布里斯班市每户居民每年的温室效应气体排放量已经从 2000 年的 10 吨增长到 2006 年的 16 吨。布里斯班市市议会希望通过节能环保计划的实施，到 2012 年将这一指标降到每户家庭年排放量 10 吨，到 2026 年进一步降低到 4.5 吨。

为此，布里斯班注重绿色清洁电力的开发和利用，包括鼓励和推广太阳能电器、LED 节能灯、高效天然气燃器等绿色节能电器的使用，核能、风能、太阳能电力的开发和利用等，在 2008—2009 年度使绿色清洁电力的使用占城市总用电量的 50%。通过公共节能设施的建设、节能技术的应用，使布里斯班的年度用电量每年递减，从而避免资源浪费，以有效减少温室效应气体排放。

作为世界著名的旅游城市，到布里斯班的游客日益增多，2007—2008 年度游客超过 6000 多万，给城市交通造成了巨大压力，同样也会大大增加温室效应气体的排放。为此，市议会增加了更多的公交车，并鼓励市民和游客出行乘坐公交车。每增加一辆公交车，相当于在布里斯班的街道上减少了 40 辆出租车。布里斯班市目前拥有 930 辆公交车，其中大约三分之一是使用天然气燃料，剩余的则都是柴油机动力的公交车。市议会还在对这些公交车进行更新换代。目前，布里斯班还在公交车和渡船交通运输中试用生物柴油发动机，并继续在全市推广使用混合动力汽车。这些油电混合动力汽车的能源消耗仅相当于普通汽车的 1/2。

布里斯班市中央商务区建成了世界上最大的太阳能人行天桥。这座桥名叫 Kurilpa 桥，每周大约有 3.65 万人步行或骑车从该桥经过。Kurilpa 桥横跨布里斯班河，连接布里斯班市中央商务区和 SouthBank 艺术专区,桥上装置了先进的发光二极管(LED)照明系统。这个由太阳提供能量的 LED 照明系统可以有多种不同的灯光效果。LED 照明系统比其他的照明设备效率高很多,布里斯班还将这一技术应用在各种节日和沿河地段的照明。Kurilpa 桥上有 84 个太阳能电池组为 LED 灯阵列提供电源,这些电池日产电能 100 千瓦时,平均年产电能 38 兆瓦时(3.8 万度电)。这些能量完全能够提供天桥的能量需求以及大部分的照明需求。据悉,Kurilpa 桥由澳大利亚 CoxA-s 公司设计,造价约 6300 万美元。Kurilpa 人行天桥据称是同类桥中最长的,而 LED 照明系统的使用使 Kurilpa 桥每年减少 37.8 吨二氧化碳排放量。

智慧城市创新节

澳大利亚布里斯班举办了"智慧城市创新节"。智慧节意在结合社会各方力量进一步推广布里斯班市的绿色智慧城市建设项目,突出布里斯班市在全球现代生态城市建设方面的领军地位。通过这些活动,布里斯班更加强调了应对气候变化的新型技术和服务开发为创新研究者和企业所带来的巨大发展机遇,也为绿色智慧城市建设项目创造了技术交流和推广应用的平台。同时,该活动加强了企业、高校和研发机构的联系,构建了一个功能完善、资源共享、技术转移迅速的创新网络,大大推动了布里斯班的绿色智慧城市建设。

第十八章　国内智慧城市建设案例

1. 北京——智慧北京 世界城市

北京在智慧城市建设中,结合智慧城市建设的需求,从市政府的层面发布了《智慧北京行动纲要》,具备了良好政策优势。《智慧北京行动纲要》从城市智能运行行动计划、市民数字生活行动计划、企业网络运营行动计划、政府整合服务行动计划、信息基础设施提升行动计划、智慧共用平台建设行动计划、应用与产业对接行动计划、发展环境创新行动计划等八大计划,明确了产业发展和应用建设的总体方向,明确智慧城市建设重点领域的发展目标、行动计划和关键举措。

北京汇聚了一大批物联网领军企业,他们占据了智慧城市建设关键技术领域的制高点,使北京的智慧城市建设具备了产业优势。众多高新技术企业制定了 IEEE1888、SVAC 等国际和国家标准,占领了物联网技术创新的制高点。据不完全统计,目前,北京市与物联网直接相关企业超过近千家,已经形成了产业链较为完整的物联网产业集群,具备领先全国的基础资源优势。

北京已经形成了政府、产业联盟、研究机构、企业联合联动机制,共同推动物联网产业集群的发展壮大,加快培育和壮大物联网对智慧北京的支撑作用。2009 年,在北京成立了中国第一个物联网产业联盟——中关村物联网产业联盟,通过"产、学、研、用"

开放式创新合作,研究和设计形成了160多项物联网整体解决方案,已先后承担了一大批国家、北京市和各个地方的物联网示范工程,形成了北京物联网产业集群的整体竞争优势。

北京用了十多年的时间完成了"数字北京"的基础建设,为建设智慧北京奠定了基础。以2008年奥运会的举办为转折点,城市发展对城市管理和建设提出了新的要求。新的主题就是以智能、智慧为着眼点。在数字北京的基础上建设智慧城市是北京发展的必然选择。

数字北京在网络、应用等方面,使市民对信息化建设认可,使得智慧北京有了良好的群众基础。特别是在网络层面,奠定了从"数字"向"智慧"跨越发展的基础。到2010年,北京已基本建成多层次、广角度、较完备的信息网络覆盖体系,使物联网、云计算、下一代互联网等信息技术的应用更加可行。在数字北京的基础上,北京向"智慧城市"进一步迈进。

"智慧北京"的建设过程中,更多地体现在物联网等新一代信息技术在城市管理和市民生活中的应用。北京在物联网应用方面走在了其他城市的前列。率先在水文水质监测、供水监测、环境质量监测、污染源监测、车辆监督、交通流监测、电梯监测、一氧化碳监测等领域实现了物联网应用,在智能交通领域建成了指挥调度、交通管理、交通监控、公交服务与监测、货物运输、电子收费、交通信息服务等80多项应用系统;在城市管理领域建成了城市运行监测平台和覆盖城八区的信息化城市管理系统;在食品溯源、经济运行监测、资源监测等领域也有一批成功应用。这些应用在2008奥运会、国庆60周年和城市运行的保障中发挥了重要作用。局部领先的物联网应用为物联网的大规模应用提供了宝贵经验,也为北京市城市管理、建设智慧城市打下坚实基础。

以居住证为载体建立全市联网、部门联动的实有人口信息系统,加强人口信息的采集、共享和利用,有效提高人口管理的信息化和精细化水平。提高人群流动感知能力,服务交通管理、社会治安、公共安全预警、突发事件应急等城市运行保障活动。建立人口宏观决策支撑服务体系,服务城市人口、产业空间、交通设施、能源资源等规划决策。建设全路网智能监控体系,完善交通智能控制体系,推动各类交通信息共享,开展与周边地区的协调联动,实现联动管理。提升车辆的智能化水平,推广车辆智能终端、不停车收费系统(ETC)、"电子绿标"等智能化应用,加强营运车辆的智能化管理和调度。加强交通信息服务,在公共收费停车区域(场)推广停车电子计费系统,以多种方式为出行者提供全面及时的出行服务信息。建设智能城市生命线管理体系,推广智能电表、智能水表、智能燃气表和供热计量器具,形成智能的电力、水资源和燃气等控制网络。完善节能监测体系,实现对工业、交通及大型公共建筑、公共机构等主要用能行业(领域)及场所、单位的能耗监测。建设智能的土地、环境和生态监管体系,实现对全市土地利用、生态环境、重点污染源、地质资源和灾害、垃圾处理等领域的动态监测。建设城市安全视频监控网络,基本覆盖政治中心区、轨道交通、地面公交、在建工地、餐饮企业、地下空间、公园等重点公共场所。建设社会服务管理网格,基本覆盖全市的人、地、物、事和组织。建设安全生产智能监管网络,覆盖煤矿、非煤矿山、危险化学品、烟花爆竹及规模以上工业企业等重点行业(领域)生产经营单位。建设食品、药品安全监管和追溯体系,逐步实现药品全品种全过程电子监管以及重点食品、问题药品的可追溯。完善智能应急响应体系,支撑社会公共安全、公共卫生安全、食品安全、生产安全、消防安全、森林防火、防汛抗旱、抢险救险等领域的快速响应。加强网络安全保障能力建设，维护网络秩序。

"智慧北京"顺应了当前全球先进城市发展演进和技术变革的时代潮流，是我国新一轮城市发展与转型的客观要求，也是提升城市品质和竞争力的必然途径。

2. 上海——智慧上海 宽带城市

"智慧社区""智慧医疗""智慧校园""智慧交通"……2013年，"智慧城市"成为沪上的流行关键词。住建部启动首批90个国家智慧城以来，智慧城市在上海以令人超乎想象的速度迅猛发展起来。

图9　2014年3月20日，上海，中国家电博览会上高清3D智能4K电视机、冰箱、机器人洗衣机引关注，顶尖电器科技服务生活影响未来消费

图片来源：东方IC

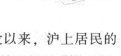

自从 2009 年上海电信开始城市光网建设以来，沪上居民的宽带速度从 1M 提升到 10M、20M、100M。这意味着中国家庭将快步迈入"百兆新时代"，其宽带接入速率将迅速与世界发达水平接轨。

近年来，上海普通老百姓的生活得到显著改变。大家都觉得看病更方便了、公共服务更人性化了、交通也更快捷了，而这一切都要归功于沪上建设智慧城市的不懈努力。

小李是典型的三代同堂，她的父母、丈夫、儿子各自都有不同的喜好。父母喜爱看革命题材的电视剧，她和丈夫则对充满现代气息的 TVB 电视剧情有独钟，儿子则是一个超级动漫迷。以往一家三口常常争夺家中的电视遥控器，令小李哭笑不得。

一般来说，宽带达到 8M，用户就可以顺畅地观看高清 IPTV。如果家庭用户达到 100M 接入带宽，就可以充分满足每个家庭成员的网络视频影音娱乐需求。现在小李家中高清播放着父母最爱的《向着胜利前进》，她自己用笔记本电脑追着最新的《On Call 36 小时 2》，儿子则捧着 iPad 津津有味地看起《海贼王》来。全家一齐上阵，百兆光网应对起来也是毫不吃力。

来自江西的林小姐，在上海生活多年，已经成立了美满的家庭。打算在上海买房的小夫妻俩，改变了原来大手大脚的生活习惯，开始精打细算起来。可开销要省，生活品质也不能降低呀。这不，自从家中宽带改成百兆城市光网以后，"秒杀"成了她的最爱。

你以为秒杀购物完全靠的是"下手稳准狠"？其实一个稳定快速的网络更重要。提到秒杀购物，林小姐深有感触："秒杀玩的就是心跳，拼的就是网络。以前坐在电脑前要不断刷新页面，当屏幕上显示'可购买'时，立刻点击'确定'，还要快速输入'验证码'，等待对方服务器回应。这个时候你就开始担心网速,生怕错失了眼看就要到手的宝贝。那种失落,只有参加过秒杀的人才会懂。"自从她得知可办理 100M 光宽带,就第一时间"升级"成功。"别人页面还没打开,我就已经付款完成了。快人一步的感觉,真爽!"

现在家中的电视、沙发,还有林小姐的手机,都是她"双 11"秒杀的成果。这不,临近新年,朋友们又把抢购春运火车票的任务交给了她。"以往每年都要提前通宵排队才能买到火车票,现在我只要坐在家里就可以秒杀到车票了。而能快人一步的奥秘,就是我家的城市光网。"

智慧生活渐入佳境

早晨 7 点,家住闵行区的叶先生起床。首先打开了家中的IPTV,看看当天的天气和空气质量。看到今天降温了,连忙给自己加上一件外套。洗漱完毕准备出门前,又拿起遥控器查了一下周边交通路况信息,确定了今天驾车上班的最快捷路线。

如果在几年前,叶先生一定以为这是在电影中才能看见的场景。却不曾想到,如今自己已经习惯了这种生活。随着智慧社区建设的推进,像叶先生这样的上海普通市民已经越来越多了。

住在同一小区的孟大妈,每天起来的第一件功课,就是凑到IPTV 前,查询今天附近菜场的菜价:"梅陇菜场带鱼和虾便宜,莘庄菜场的菠菜最划算。对了,再叫老头子去家乐福超市买点特价的土鸡蛋,给孙女烧她最喜欢的虾仁炒蛋。"

虽然事实上差价并不大,可孟大妈他们一帮夕阳红腰鼓队的同伴们,却对之乐此不疲,还经常交流省钱心得呢!"其实我们现在退休工资都不低,不过大家一起去买菜也是图个热闹,跑来跑去就当锻炼身体了。"孟大妈笑着说。

位于长宁区的杨老伯，两年前因中风行动不便。如今，他的病情虽然没有好转，但智慧社区却让老人家的生活变得"耳聪目明"起来。轻按遥控器，朱老伯就能通过电视查询并支付家中的水电费用。而平台上发布的最新资讯，也能让平时不怎么出门的老人能知晓小区的新鲜事。要买什么东西，也可以通过遥控器让楼下的超市直接送货到家。

"智慧社区"平台中的智慧医疗服务，则为行动不便的朱老伯提供了必需的日常身体检查。这一医护服务功能通过无线传感器，将血压、心率、血糖等体征数据，实时发送到社区医院等相关医疗机构，如有异常情况还会报警。朱老伯还可以通过呼叫按键，与医生直接对话。

难怪智慧社区的居民们都说，以前买房子要考虑地段、绿化、交通，而以后买房子还要考虑是不是智能社区。不然房子再好，没了智能社区的方便和快捷，也住得不自在。

智慧教育彰显灵活性

孩子的教育问题，一直是社会关注的热点。而作为智慧城市的最重要组成部分之一，智慧教育，则为每个学生带来了更公平、更生动、更灵活的教育。

某学校推行的电子书包，共享了全区优秀教师精心制作的电子教材，让每个学生都能得到最好的名师指点，孩子可以在平台上完成作业和测验。随后教研组通过平台进行教学数据分析，改进教学方法。这种令人耳目一新的教学方法，不但赢得了学生的好评，也获得了家长的赞誉。

来自嘉定区某中学的顾老师则认为，智慧教育不但给学生们带来了实惠，对教师也是获益良多。它可以让教师从繁重而枯燥的作业批改等工作中解脱出来,将更多的精力投到加强教育质量上来。并且通过教学数据分析,发掘每个孩子的潜能,真正做到像孔夫子要求的那样"因材施教"。

在该校的"绿橄榄平台"上,孩子们自发成立了"救救老虎"等多个兴趣小组。在老师的辅导和帮助下,简单枯燥的课本知识融入更多令孩子们感兴趣的内容。从"要我学"到"我想学",不但提高了孩子的综合素质,也激发了学习兴趣。

智慧城市建设是提升城市品质、提高百姓生活质量的一件好事、实事,也是推进民生幸福工程的重要举措。它是涵盖了数字教育、数字健康、数字社区等诸多方面的系统性工程。2013,上海智慧城市的发展取得了令人欣喜的成果。2014 年的智慧城市生活,继续给上海这座国际大都市增添了更多亮点。

在上海政府智慧城市建设新闻发布会上获悉,2014—2016 年智慧城市新三年行动计划已经启动。在这三年计划中,上海智慧城市的建设将逐步从基础设施建设向满足实际需求出发过渡转型,在中心城区,将着力提高市民生活质量,郊县城区着力提高智慧城市建设覆盖率。这三年实施由智慧化引领的"活力上海五大应用行动":着眼打造城市宜居的智慧生活、产业创新的智慧经济、精细化管理的智慧城管、透明高效的一体化智慧政务、着眼区域示范打造智慧城市"新地标"。

3. 广州——智慧广州 无线城市

广州一直是华南重要门户城市和重要交通枢纽中心,是中国的南大门。作为中国第三大城市,广州拥有毗邻中国港澳地区的独特地理优势,更有"千年商都"形成的商贸优势,以及"厚于德、

"诚于信、敏于行"的新时期广东人文精神。

随着现代化城市的不断发展,广州全面开始实施"智慧广州"战略,着力打造新设施、新应用、新产业、新技术和新生活。试想有一天在广州市随时随地可以接入高速互联网,每个居民和企业拥有自己的个性化服务,生活变得更加便捷、智能。这一切都是因为城市智慧产业的发展,为广州带来的福音。

智慧广州构建智慧发展路

近年来,广州市委市政府高度重视"智慧广州"建设,提出了"低碳经济、智慧城市、幸福生活"三位一体的城市发展理念,出台了推进新型城市化发展的"1+15"政策文件体系。其中《关于建设智慧广州的实施意见》为配套文件之一,智慧城市各项重点工程稳步推进并取得了阶段性成效,智慧城市发展水平位列全国第二。2012年,广州被评为全国智慧城市领军城市;"智慧广州战略与实践"荣获2012年巴塞罗那世界智慧城市奖。下一步广州将启动智能交通、智能港口、智慧人文教育、智能水网、智慧民生服务等一批智慧城市应用示范项目建设,以新应用带动新产业和创造新生活,推进城市数字化、网络化和智能化,建成智能技术高度集聚、智能经济高端发展、智能服务高效便民的先行示范城市,构建绿色、智能、可持续的城市发展新模式。

广州作为首批试点的智慧城市建设之一,所具有的规划定位高端、经济依托强、信息化基础好、体制创新、中新合作等优势得到建设部的充分肯定和关注,尤其智慧城是从"一张白纸"起步建设的绿地型新城区,各领域都可以按照智慧城市的要求统一建设和实施,从而实现全区域的智慧化开发,这也将为实现工业化、信息化与城市的融合发展、开拓智慧新城的建设模式方面做出有益探索。在创建方面,将通过智慧的技术和手段深入应用到城市建设、管理、服务的各个领域,创新运营管理体制,发挥优势、集中资源,调动各方面参与智慧城市的建设,重点在网络基础设施、城市公共信息平台、绿色建筑、智能电网、智慧政务、智慧社区等方面做出示范。

广州市计划用 5 年的时间构建"智慧广州"框架,到 2015 年实现基本框架建设,到 2020 年基本形成智慧广州体系,城市智慧化程度达到国内领先水平。广州已经开展智能化管理,建设"平安城市",在广州各街道、火车站等人员密集的公共场所安装监控摄像点,并利用模式识别、智能预警、虚拟巡逻等手段开展公共安全治理;建设"智慧城管",探索采用无线射频标签、传感器、卫星导航、视频监控、手持终端等设备实时采集城市管理信息,实现信息实时采集、监控和管理;建设实时路况、停车诱导等信息服务平台,调节实时交通流量,减少道路拥堵。这些举动将提升城市精细化管理水平、提高城市运行效率。

"智慧广州"工程还将大力推进智慧社保、智慧医疗、智慧教育、食品药品溯源等方面的建设,保障和改善民生,提升市民的生活品质;将通过智能家居、智能建筑、智慧社区等示范工程以及智能水网、智能环境等工程,着力打造智慧广州发展新前景。

手机上的政府服务大厅

2015 年初,广州首个尝鲜"城市服务"的微信"智慧城市",本地居民通过微信,可享受到移动互联网带来的"智慧民生"便利。微信是用户使用频率最高的社交软件,各个政务机构都把微信作为连接市民的纽带。此前,市民可通过广州市卫生局"广州健康通"的公众账号实现全市 60 家医院的预约挂号,通过"广州交警"的公众账号,实现年审预约、快撤理赔等功能;通过"广州公安"的公众账号,实现港澳通行证再次签注、身份证业务预约甚至新生儿重名查询等服务。微信则把众多公众账号集中在"城市服务"入口中。进入"微信-我-我的钱包",就可在列表中看到"城市服务"入口。"城市服务"入口相当于一部手机上的政府服务大厅。

图 10 广州 微信-我-我的钱包

微信提出的口号是"城市服务智慧民生"。据了解,目前"城市服务"中已包含医疗、交管、交通、公安户政、出入境、缴费、教育、公积金等 17 项民生服务,后续还将继续拓展其他服务。

2014 中国智慧城市创新大会在广州召开。国家发展改革委等 25 个部门成立了促进智慧城市健康发展部际协调工作组,在大会上向社会各界解读了日前由八部委联合发布的《关于促进智慧城市健康发展的指导意见》(以下简称意见)，并介绍有关部门下一步推进智慧城市建设的工作重点。广州市作为国家中心城市之一，在 2011 年就确立了低碳经济、智慧城市、幸福生活三位一体的城市发展理念，提出构建与智慧新设施为树根，智慧新技术为树干，智慧新产业为树枝，智慧新应用和新生活为树叶的智慧城市树型框架结构，不遗余力地推进广州智慧城市的建设，并取得了初步的成效。

粤智慧粤特色粤幸福

随着各地智慧城市建设呼声四起，广州的智慧城市建设在这些年的发展中稳步前行。但如何把广州建设成为人民满意的智慧城市，如何把广州建设成为经济低碳、城市智能、社会文明、生态优美、城乡一体、生活幸福的理想城市，如何把广州打造成为岭南风格的特色城市，广州还需要不断探索和努力。

广州市在以建立国家中心城市为中心的目标上，在智慧城市建设当中以坚持继续创新和需求驱动相结合，构建物联网应用体系；坚持重点突破与长远谋划相结合，构建物联网产业体系；坚持政产学研用相结合，构建物联网创新体系为思路，致力打造"物联广州"的特色发展。同时广州市相关领导也一再强调低碳生活、智慧城市、幸福生活，落脚点是通过智慧广州的建设，催生出一种新的生活方式，引领更幸福的生活。

2014 年 11 月 7 日，"2014 中国智慧城市创新大会"在广州召开。国家发展改革委等 25 个部门成立了促进智慧城市健康发展部际协调工作组，在大会上向社会各界解读了日前由八部委联合发布的《关于促进智慧城市健康发展的指导意见》并介绍有关部门下一步推进智慧城市建设的工作重点。同时，这次智慧城市创

新大会的召开,对地方城市更好地贯彻落实国家发改委关于促进智慧城市健康发展的指导意见,明确工作重点,创新工作思路,做好顶层设计具有十分重要的意义,也是广州智慧城市发展建设的新契机。

大会举行了智慧城市样板签约仪式,广州市番禺区、吉林省延吉市成为智慧城市发展联盟样板城市。

4. 武汉——智慧武汉 中心城市

武汉智慧城市将构建武汉市云计算中心,建立面向政府和公众的两类云服务系统。利用现有的网络通信基础设施和空间数据基础设施,通过在城市广泛部署面向公共安全、医疗卫生、交通设施、环境保护等应用领域的传感系统,全面感知城市的信息,把握城市运行状态,为政府、企业、市民提供高效服务。

一张卡通用全城

智慧城市建设将扩大"武汉通"卡的应用范围,将个人服务系统应用从公共交通、出租车、停车、加油、商户消费以及水、电、气收费等领域向其他行业延伸,逐步推行实名制。

实现武汉市"一卡通"服务。通过一张民生卡,实现公汽、轮渡、地铁、电影、电视、超市、药店及机场公路的通行支付,同时包括供电、供水、出租车、泊车、图书馆、社保等领域,提供医保、住房公积金、养老金等"五险一金"的办理、提取等多种服务。

同时,通过该卡与个人信用关联,对个人信息的管理,建立诚信体系,实现"一城一卡,一卡通用"。

人人有健康电子档案

今后，居民就医可以不出社区，每位居民的健康电子档案与公共医疗机构共享，卫生部居民健康卡医疗卫生服务"一卡通"，支持远程会诊和快速转诊。力争到2020年，实现居民就诊"小病在社区、大病进医院、康复回社区、健康进家庭"。

社区还将设立体检站，居民家中自设体检设备，提前告知健康风险，给出健康建议。对老人等特殊人群的身体状况全天跟踪，及时提醒用药、就医。在社区设立便民的常见护理药品自动出售装置，在居民家中设置一键求助系统，实现及时医疗求助。

通过网络技术，让市民享受全程的"一站式"医疗服务。患者可通过居民健康自主门户，根据本人需求实时了解当前看病出行的交通方式与最优诊疗机构；通过自助预约挂号与分时转诊，实时了解本人当前就诊排队等候时间与排队人群疾病信息，并提前预知下次医生就诊时间。

360°实景提前体验旅游景观

"智慧旅游"更让人耳目一新。3至5年里，武汉打造一张"智慧"外衣，用物联网、云计算、地理信息等串起旅游"食、住、行、游、购、娱"。

到时，游客可通过旅游公共服务门户网，体验虚拟城市与景区3D景观，查阅360°实景三维图片"预览"风景；武汉哪条旅游线路好玩，哪家饭店好吃，哪个酒店便宜，手机上一目了然，还能预订。

游玩了真山真水，游客还可以在智慧旅游体验中心，像看4D电影一样，感受"高空遨游""水上漫游"等高科技旅游风光美景。

共享优质资源解决"择校难"

上地理课,学生可通过网络在线地图等平台,进入相应的地理环境,顿时有身临其境的感觉。在智慧教育的建设中,这样的课堂不是幻想。

该系统通过物联网等技术,对传统课堂和虚拟实验进行拓展。比如实验课上,每种实验器材会粘贴电子标签,学生可以利用手机等终端,从教学平台上获得相关扩展内容、使用注意事项、物理或化学特性等。

智慧教育的另一重要内容,是要利用武汉市即将建设完成的全城无线网,建立每个市民都能参与的学习环境。

此外,通过建立全市统一的教育云平台,将数千所中小学的信息中心、计算机设备集中起来,实现教育资源的全面整合,建立教育的均衡性,解决"择校难"等难题。

追溯食品如何从田间到餐桌

猪肉如何从田间到餐桌,上网一点击一目了然。今后,市民在超市买一块猪肉,就可通过上面的电子标签,查询扫描得知其生产销售环节的商家信息。如今在武汉大型超市实行的猪肉信息追溯系统,将成为智慧食品药品的基础。

规划中提出,该市将建立无处不在的食品药品互动平台。今后,只要市民身处市内任何有网络覆盖的地方,就可实时了解从田间到餐桌的食品,以及从研发到手中的药品的全过程信息,真正让市民体会到"食药在明处,方便在心中"。

同时,通过食品药品安全信息共享交换平台,将消灭目前多部门管理造成的"真空",质监的抽检结果,食药监可以查询;工商查处的问题产品,可以追溯到质监局监管的食品生产企业。

对桥梁隧道健康实时"体检"

未来,武汉将通过信息共享,绘制市政基础设施信息"一张图",给每个桥梁、管线、路灯配备"电子身份证",可为其实时"体检",避免"拉链马路"。

另外,一张覆盖武汉 800 平方千米、3000 多千米城市道路的"影像武汉"地图将实现地上地下全覆盖。市民随便选取某个地点,就可看到该点的线路指引、360 度实景展示、驾驶导航等服务,让人更快更直观地找到目的地。

同时,通过建设武汉公益地图平台,在街头建设上千个触摸式"电子地图"终端,让市民随时可查阅"影像武汉""360°实景地图""三维地图"等,方便市民和游客出行旅游。

通过智慧城市建设,基本实现全民上网,全体市民享受无处不在的信息服务,人人拥有电子档案,全面普及电子商务,智慧生活进入普通家庭。

5. 杭州湾新区——智慧新城 生态家园

宁波市以智慧城市建设为着力点,积极培育发展新一代信息技术产业,积极推进自主创新和工业转型升级,加快推进两化融合,不断提升新一代信息技术产业竞争力。在发展智慧产业过程中,宁波市注重依托产业基地集聚效应,以两大基地为载体,推动产业集聚发展。高新区智慧软件研发推广产业基地试点实施方案和规划,明确将软件基地划分为 20 个功能区块,布局十大智慧应用系统研发、生产、应用与推广,初步安排物联网产业、云计算与云服务产业、电子商务产业等产业园和公共服务平台项目。

杭州湾新区完成了宁波杭州湾新区智慧装备和产品研发与制造基地实施方案,宁波杭州湾新区"智慧新城"规划也已制定完毕,并开展了相关子规划的制定。新区正在推进一批已引进的智慧家电、智慧交通设备、智慧网络配套设备、智能健康医疗等智慧产业项目落地。结合自身产业优势和未来发展规划,杭州湾新区确立了建设"智慧新城、生态新城"的目标。

宁波杭州湾新区作为宁波智慧城市的示范基地,率先确立起智慧发展理念,以信息化带动新型工业化和新型城市化;率先推进新兴信息化产业和核心技术的发展,建设智慧产业高地;率先推进信息网络技术在政务、企业、物流、金融、交通、公共服务、社区和文化娱乐、医疗、安保等领域的广泛应用,建设网络基础设施高度发达、信息应用"无所不在"、生产生活高效便捷的示范城市。

建设"生态新城",就是要突出生态第一的理念,将生态环保贯穿到城市规划建设的各个领域和环节,实现城市从注重生产向注重生产、生活、生态协调发展的转变。宁波杭州湾新区管委会主任在新闻发布会上表示,杭州湾新区在具体开发实践中,将全面加强原自然生态的保护和城市环境景观的塑造,调整产业结构,加快低碳型工业、低消耗型的现代服务业和生态农业的发展,把杭州湾新区建设成为基础设施完善、产业层次高端、现代都市气息与浓郁田园风光交相辉映、宜居宜商宜业的现代化生态新城区。

此外,宁波以招商引资为抓手,发挥大企业大项目带动作用,推进智慧产业发展。自上海世博会主题论坛及智慧城市建设启动以来,宁波共有近百个项目签约,其签约协议包括智慧城市战略合作协议,云计算项目合作协议,物联网项目,技术合作协议等等。

在智慧产业建设中，宁波加快推进政府云计算中心和基础数据库建设，增强信息资源共享和应用能力。以信息资源集约采集、共建共享、有序开发为目标，重点推进政府云计算中心及人口基础数据库、法人单位基础数据库、自然资源和空间地理数据库、宁波智慧信用等基础数据库建设，加大对信息资源开发利用的力度；以信息资源交换标准体系建设为支撑，建立信息资源共享交换机制，促进部门间的业务协同，提高信息资源利用效率和管理水平。

发挥示范效应推广智慧应用

宁波智慧城市应用体系建设将按照"推广应用一批、续建完善一批、新建试点一批"的工作思路，加大推进力度，发挥智慧应用体系试点示范带动效应。

推广应用一批。根据宁波市智慧城市建设具体实践，遴选一批模式成熟的项目，在全市各部门、各地市推广应用，提高整体效益。通过2012年智博会现场的展示推介，向更多地区推广成熟的宁波模式。重点推广社会管理综合信息系统、智慧城管、社区警务E超市等模式创新，推进成熟的项目。

智慧城管经过几年的建设已经形成基于海量信息和智能过滤处理的城市管理新模式，2012年以来形成一市六区智慧城管运行大平台。

续建完善一批。重点续建完善智慧健康、宁波市肉类蔬菜流通追溯体系管理平台、宁波市渔港渔船安全救助信息系统二期、宁波市污染源在线监控系统等一批试点项目。

进一步推进智慧健康保障体系建设，完成智慧健康数据中心、智慧健康信息交换平台、统一用户管理和电子认证平台、卫生行政部门综合卫生管理平台、远程医疗平台等相关平台建设，提高整体医疗服务水平。

2012 年以来，宁波市加快了全市肉菜流通追溯体系建设，在全市 9 个行业的流通节点新建 100 个以上的节点企业，建设完成追溯节点，实现肉菜流通的全面可追溯。加快宁波市渔港渔船安全救助信息系统二期建设，到 2012 年底，宁波市成为全国首个把所有渔船都纳入救助信息系统监管的城市。污染源在线监控系统建设方面，实现了 24 小时对企业的治污设施和排口进行实时在线监控、报警，2012 年宁波市完成了在线监控系统监控点位 350 个的设置工作，为环境管理和污染防治提供了科学依据。

新建试点一批。着力推进一批智慧教育、智慧电网、智慧交通等新建试点项目。加快推进智慧教育试点建设，推进优质教育资源共享开放，开展数字化教学和电子书包试点，搭建"宁波学习网"网络教育服务平台，为市民多层次多形式学习创造条件。

加快推进智慧交通试点，在 2011 年规划研究基础上，完成宁波智慧交通项目规划，并设计平台具体解决方案。重点推进交通基础设施智能化工程，以及公众出行服务系统和交通综合监管指挥系统建设。

与此同时，宁波主动加强与上海在体制机制、重大基础设施、重大产业、城市建设和管理、创新型人才等方面的全方位对接，依托大上海、服务大上海，深入推进各个领域的学习合作，促进宁波更好更快发展。

6. 无锡——感知无锡 感知城市

如果说互联网缩短了人与人之间的距离，而即将到来的物联网的时代更将逐渐消除人与物之间的隔阂，"用 TD 网络连接世间万物",是对物联网新的诠释。当下,无锡移动在智能交通、健康工程、平安城市、环境保护等方面加快推进 TD 与传感网融合,为无锡这一创新城市精心打造智慧生活。

图 11 江苏无锡大剧院景观
图片来源:东方 IC

无锡移动将会加大物联网的研究和应用,让用户能更加快速便捷地体验到数字化智能新生活。目前,无锡移动已在五大方面着力提升了无锡市民的信息化生活。在不久的未来,移动将在更多领域加强信息化应用,推动物联网向各个领域渗透发展。

感知交通:打的找车不再困难

"越是着急越是打不着车"是每个打车人都会遇到的难题,但是如今,无锡移动为全市 90%以上的出租车装上了智能定位管理系统,每辆车的位置都清晰地显示在中央平台上。市民只需一个电话就能叫来车。系统还有同时防盗报警、定位查车、轨迹回放、发布广告信息等多项功能。不仅保障了司机的安全，更大大方便了乘客。如果哪天你不小心把随声物品忘在了出租车上，而又不记得具体车牌号码了，别急，该平台的"查询历史车辆"功能将立刻帮你查出相关的出租车车牌号。

感知交通：智能公交助力市民优先

等公交车从不会像等地铁般悠然自得，往往是我们"翠眼欲穿"后拥挤不堪的公交车才姗姗来迟，但是无锡移动助力打造的"智能公交"平台，将能"感知"车辆位置、运行状况，并实现智能调度。它让车辆调度员足不出户就可以知道车辆行驶到什么位置了，车内是否出现过度拥挤了，哪条线路需要增派车辆了。同时车辆行驶的信息也将及时显示在候车厅上，让等候的乘客不再焦急，甚至可通过手机查看车辆位置信息，踩准到站时间，将公交车变成您带司机的私家车，真正实现市民优先。

感知交通：智能诱导实现高效疏导

随着私家车的增多，虽然政府投入大量的人力和物力来解决道路交通的拥堵，但是"行车难、停车难"的问题还是日益严重，无锡移动助力打造的智能交通诱导系统，能精确感知道路交通拥挤情况，自动控制道口信号灯，最高效地疏导车辆，也能让消防、急救等特殊车辆一路绿灯。同时它还能为车辆提供智慧导航，巧妙避开路堵地段，避免更大路堵，节油省时。对中心区域停车难的问题，智慧停车服务将帮您在出行前就预约安排好最近、最方便的停车场的特定车位，并一路引导你停到指定车位。

感知健康：预约挂号远程会诊

医疗行业是与人民生活密切相关的行业，无锡移动与我市各大医院积极打造的医患通系统，搭建起医患沟通的感知平台，实现了手机预约挂号，较好地促进了"看病难、看病贵"等问题的改善和解决。"手机远程会诊"更是极大地拉近了医患距离，无论医生专家出差、度假或远隔一方，借助 TD 手机，总能方便地"聚在一起"，共享医学检验图片，实现远程移动会诊。"婴儿标志识别系统"通过婴儿佩戴 RFID 标志环，帮助妇幼医院较好地解决了初生婴儿身份识别、婴儿错领和冒领偷盗问题。随着 TD 与物联网的融合，数字健康工程将为人们带来更多意想不到的惊喜，这些应用将推动着未来的医疗信息向系统网络化、信息移动化、服务远程化的方向迈进。

感知健康：体检竟然如此便捷

健康是人生最大的资本，但是繁琐的检查程序总是让生活紧凑的现代都市人"望而却步"，但是有了物联网的支持，只要在你的手指上套一个小夹子形状的传感器，你的体温和血糖就可以马上测出，并且实现 24 小时持续跟踪。更让人诧异的是类似的传感器甚至可以植入到人体内部，包括体温，营养物质/有害物质含量等信息可通过传感网传输至患者随身携带的 TD 手机上，并在第一时间发送至医疗中心，帮助医生提出更科学、有效的治疗方案，这样自觉自动的智能健康检查，怎不让我们期盼？

感知健康：家庭病房专家"常驻"

一些人由于慢性疾病长年卧病在床，于是有了家庭病房，方

便了生活却远离了医院,远离了医疗专家。TD与传感网融合将让家庭病房与医院近在咫尺。医院专家借助家庭医疗传感设备,随时掌握病人病情体征,第一时间提出救治方案,甚至远程实现各种理疗、化疗。家属也可以通过TD手机,随时掌握家中病人的情况,减少牵挂,也可和病人视频交流,缓解病人寂寞心情。

感知健康:食物溯源明明白白每一天

"三鹿奶粉事件"的发生,再次为我们敲响了"食品安全"的警钟,从"福尔马林""工业石蜡""苏丹红"到"三聚氰胺",这些工业术语的不断曝光,让我们开始担心我们喝的水、吃的饭、吃的肉来自何方?能不能让餐桌上端上来的每一盘菜,都"道出"其中的每一原料的产地、饲养或种植方式、传输渠道以及制作方法呢?先进的传感网技术就能在不久的将来帮我们实现这一愿望。所有食品都将自带专用的微纳传感器,只要我们需要,随时都能通过TD手机揭开食品的出生之谜,这就是充满前景的"食品溯源系统"。传感网将为人们筑起了一道食品安全的"绿色长城",让人吃得"心知肚明"。

感知平安:物联网编织城市安全网

安全有序是一个现代城市必须具备的良好的公共环境,也是社会稳定和经济发展的重要基础。物联网与TD网络的融合,视频监控、边界防入侵、人脸识别、车辆识别、报警联动、警务通、警车定位等综合运用,共同编织起现代城市的安全网。有了它的保障,将真正实现法网恢恢、疏而不漏,一切不法行为无处遁形,势必极大提高公共安全防范效率,切实有效维护稳定和谐的社会和生活秩序。

感知平安：关爱孤寡独居老人

现今社会，老人独居的现象日益普遍，而发生在社会福利机构和老年人家庭的火灾事故也呈逐年上升的趋势。老年人、残疾人、孤儿等社会弱势群体，他们大多行动不便，存在认知障碍，所以对他们安全的保障更需关注。无锡移动公司充分发挥 TD 与传感网融合的优势，与市消防支队紧密合作，在市孤寡独居老人家中试点安装了一个名为"点式火灾报警和远程社会特殊救助系统"，老人家中发生火灾或是遭遇危险，系统都能把收集到的求救信号传送到物业管理中心或制定的控制中心，最短时间内保障独居老人们的安全。同时，老人们的孩子也随时能通过短信等了解到老人的异常状况，从而更加安心地工作。这样的系统还能作为防盗门禁，通过声光报警震慑不法分子，同时自动连线社区安保报案，给老人居家安全增添了一份保障。2010 年，全区有2 万老人装上了这一系统。

感知平安：传感网让"危险"走开

近年来危险化学品运输车辆侧翻、碰撞、泄漏和爆炸等事故时有发生，无锡移动提供的危险品车辆定位服务，通过安装 GPS 定位系统，有力地加强了对危险品车辆运行状况的跟踪监控，从而对有关车辆进行有效的监督和保护。无独有偶，无锡移动也将车辆定位和传感网技术成功运用于金融车辆的押运工作中。监控中心能控制每一辆安装了感知设备的车辆运行状况，如发生异常情况，中心能借助 TD 传感网，对车辆实施遥控熄火，全方位锁定，有效保障人员和金融财产安全。

此外，汽车上安装了检测驾驶员眨眼频次的传感装置，就能感知驾驶员是否疲劳驾驶,是否精力集中,还能通过声光提醒和强制停车等方式避免发生交通事故。汽车方向盘上装上传感器,通过检测驾驶员呼气的酒精含量,就能判断是否酒驾,从而决定是否允许启动汽车以避免酿成道路悲剧。传感网的加入,危险就此躲开。如果在机场、车站等公共场所安装了感知系统的话,管制枪支和毒品也将无所遁形,一旦监控系统探测到危险物品或非法物品,就会悄无声息地通过 TD 网络向监控指挥中心发出警报和相关图片,为相关部门及时处理案情提供了极大支撑,更好地维护了社会治安。

感知环境:太湖水质监控传感网

2007 年,江苏太湖爆发严重的蓝藻污染,造成无锡全城自来水污染。太湖蓝藻事件着实给我们上了一堂环保课。治理太湖污染,防范水质恶化,依然是环太湖流域地方政府的艰巨任务。TD 与传感网的融合,为太湖水质监控提出了一个全新的方案。借助遍布全湖的无线传感器和 TD 网络,不仅实现了全流域水质和微生物指标数据的采集和汇聚,实现了全流域的协同治污,更能通过追溯污染扩散路径,及时发现污染源头,直接打击并控制污染目标。太湖水质监控传感网对太湖周边的重污染企业也呈现出较强的监督效果,督促着这些企业改进工艺,加强废水处理甚至关停转迁。

感知环境:工程车辆不再抛洒滴漏

无锡一直要发展,发展少不了建设,而道路是城市发展的大动脉,每年政府都会投入巨大的财力和物力来养护道路,但是工程车辆的抛洒滴漏不仅让道路不再整洁,更对车辆、行人安全产生隐患。现在应用传感网技术,对所有工程车辆强制安装 GPS 定位系统,加强工程车的实施监控和轨迹记录,从而对相关工程车辆有了强有力的制裁依据,也让更多的工程车司机增强了责任意识,较好地解决了工程车辆抛洒滴漏的控制问题。

感知便捷:手机卡处处"通用"

无锡市全力推进市民卡工程,这是一个以政府公共服务、社会事业及商业电子服务为主要功能的高效多用的市民卡应用信息平台,也是无锡传感网产业应用的重要领域。中国移动 TD 融入后,将实现一机在手吃穿住行都不愁。一张小小的、与常见的手机 SIM 卡一般大小的 RFSIM 卡插进手机,你不仅可以打电话,还可以应付大部分的日常生活消费需求,如医院看病、乘坐公交、地铁、超市购物、公园门票等,更支持电子钱包、无线充值、动态密码、身份鉴别、门禁开启等各种随身交互功能。到那时,你出门可以不用带钥匙,也可以不带钱包,但你一定不能忘记带手机哦!

感知便捷:水电煤气远程抄表

在家庭生活中"水、电、煤气"是三个头等大事,但必须在特定时间去指定地方排队缴纳相应费用,另外有些不法分子会借口上门查抄水表、电表、煤气的机会进行诈骗,都市人不光工作上千头万绪,还要在这样的琐事上伤脑筋。有了物联网,应用智能远程抄表,这些难题就可以迎刃而解。现在无锡已有相当一部分的水表和电表安装了此类传感系统,相关公用事业公司在机房就能实现对用户的管理,借助中国移动 TD 移动数据传输或短信,用户就能知晓当月的消费情况,不仅企业可省去上门服务的开销,用户方也能将不法分子拒之门外,真是既环保又安全;至于排队缴费问

题,在不久的将来可由手机智能缴费系统解决,用户通过由 TD 和银行搭建的平台,利用手机上网转账缴费,方便又省力;同时,还可利用便捷的 TD 网络构建用户沟通互动的平台,用户们将使用过程产生的问题迅速通知到公司,便于公司及时解决问题。如此便捷,怎不让人期待?

感知便捷:智能家居保居家平安

在科幻电影中我们常常会看到这样的片段:只要发条短信就能控制家中电器的运作,如家中的热水器在收到主人的短信指令后能自动准备好舒适温度的洗澡水……这些情形在"物联网"支持下,已成为现实。在安装了传感网的房间里,我们发条短信就可以知道房间里的温度、湿度;坐到电灯下,灯会自动打开,而人走了,灯会自动熄灭;如果出门忘了关空调,同样只要一条短信就可以搞定,手机也成为万能遥控器,可以随时指挥家中的各种电器和装备。家里发生火灾或煤气泄漏,它会报警,即使家中进了小偷,也能通过手机"告诉"主人,通过声光警示不法分子,还能自动连线社区安保报案。这是一套智能的家居,不仅屋子能感知到主人的需要,同时更能保障主人的利益,让我们居住更加舒适的同时也更安全。

7. 佛山——四化融合 智慧佛山

拥有众多明星企业的佛山市,堪称制造业名城,在经济建设方面实现了跨越式的发展。自 20 世纪 90 年代中期开始,传统制造业优势明显的佛山市就大力推进信息化建设,被列为国家首批信息化与工业化融合试验区。经过多年探索,佛山在信息化改造提升传统产业以及城市信息化基础设施建设等方面都取得了明显的成效。2010 年,佛山市委、市政府结合该市发展阶段新特征,统筹谋划佛山和谐可持续发展的未来路径和方向,提出要通过信息化、工业化、城镇化、国际化的相互融合、互相促进、共同发展,把佛山打造成现代产业发达、社会管理睿智、大众生活智能、环境优美和谐以及国际化程度较高的智慧城市。随后,制定出台了《"四化融合,智慧佛山"发展规划纲要(2010—2015 年)》。由此,佛山成为国内 300 余地级市中首个全面系统制定"智慧城市"发展战略,并迅速公开发布、快速推进实施的地区。经过一年多的实践与探索,目前各项成效正在显现。

产业转型升级有"径"可寻。一是以智慧产业带动新兴产业发展。佛山抓住成为国家新兴产业基地、省战略性新兴产业重点地区契机,将智能装备产业作为发展新兴产业主要内容。目前,已引进建设佛山超级计算中心、世纪互联南中国总部基地、南海云计算中心等大项目,初步奠定在国内智慧产业领域的优势地位,进而带动培育发展与信息技术相关联的新兴产业,2010 年实现新兴产业总产值占工业总产值比重大幅提高。二是以信息化提升传统产业。佛山鼓励引导传统优势行业通过信息化手段提升产品附加值,改进装备水平,改造运营模式和流程。例如,目前已有近百多个项目(企业)着手物联网关键技术 RFID 运用,众多企业采用PLC/SCADA(上位机监控软件)、WMS(立体仓库)、MES(制造执行系统)等信息技术实现生产自动化、配送集约化、分单智能化和管理数字化,成为智慧企业的典范。

城市管理和服务日益"智能"。随着一批重大信息基础设施项目相继完成,U-佛山建设深入推进,全市信息网络体系建设不断完善,城市信息化基础环境日益优化。目前,佛山智能管理和服务正向社会民生关键领域延伸。在卫生领域,通过智能卫生工程,市民健康卡可在全市6家主要医院联网试点应用,实现病人诊疗信息的共享和利用。在交通领域,智能交通工程建成了市、区、企业三级营运车辆GPS监控平台,公交智能调度系统投入使用。智能交通系统试点区禅城、南海,已开通交通诱导、红绿灯自动调节、公交电子站牌、智能指路牌、电台实时播报等服务。在社会管理方面,佛山推进智能社保工程,全市新社保信息系统上线,参保人在全市定点医疗机构就医可实现现场结算,社保关系市内转移自动接续。集社保功能、银行卡、电子支付和身份认证功能于一身的"市民卡",推行后方便了市民生活。此外,智能警务工程可使市民在家门口享受公安机关提供的社区警务咨询、社区警务自助服务等,社区警务"e超市"建设在全国领先。

在2011年5月举行的全国智慧百城规划建设专家论坛上,佛山推动四化融合建设智慧型城市的实践引起各方关注并获得积极评价,大会特别授予佛山市人民政府"2011中国智慧城市建设成果应用奖"。

截至2015年初,佛山现代产业体系基本形成,培育形成若干个接近或达到世界先进水平的战略性新兴产业集群,成为引领佛山经济发展的支柱产业。物联网产业形成规模。信息技术普遍应用、信息资源合理利用、覆盖整个经济社会领域的信息化体系较为完备。"三网融合"全面实现,网络化、数字化、智能化和移动化成为市民工作生活的主要方式。节能减排和低碳发展成为佛山经济社会发展的主要模式。"四化融合"成为提高城市综合竞争力,实现经济社会可持续发展的主导力量,"智慧佛山"建设实现跨越式发展。

8. 扬州——创新扬州 智慧扬州

以人为本,应用服务先导。智慧城市是从"人"的角度、从公众视角提出的概念,而不单单是信息工程学的精确定义。智慧城市要将信息技术与先进的城市经营服务理念进行有效融合,通过城市的地理、资源、环境、经济等进行物联和数字网络化的先进过程,为城市提供更便捷、高效、灵活的公共管理,争取早日达到智慧城市的建设目标,提升人民的幸福指数,未来广大市民上班前可以通过智能交通系统选择最佳出行路线;生病时再不用跑到医院排队,可通过远程医疗系统享受"家庭医生"的诊疗,医疗机构可通过电子健康档案全程管理辖区内每个居民的健康状况;外出旅游时,有全景式、全天候、个性化的导航、导游、导购、导餐、导娱,提供各类智慧型旅游服务;在家中便可了解景区人流密度、环境指标、自然灾害信息预警等。

强化部门协调推进,有效融合分散资源。智慧城市的核心价值是将城市信息化建设和城镇化做了充分的整合与融合。要面向政府、面向城市市民、面向产业,打破原有的城市信息化建设中的信息孤岛,实现全面的资源整合、共享和数据挖掘。要围绕资源的融合,从基础设施、数据资源、应用支撑平台等三个层次来推进资源融合。统筹经信、科技等相关管理部门,定期召开工作联席会议,加强工作协调,推动资源集成、信息集成、技术集成、管理集成,形成各部门各司其职、相互协同、全市一盘棋的智慧扬州建设局面。

重视市场培育,助推产业转型发展。加快发展"智慧城市"建设的相关产业,特别是大力推进软件与信息服务业、科技研发产业、数字文化产业、云计算、物联网产业等的发展,扩大产业聚集效应,加快经济转型升级,大力发展绿色低碳经济,使信息产业发展与城市信息化建设形成良性互动。同步考虑产业的发展,重视对市场的引导及培育,比如说云计算。围绕云计算的特点,通过提高云计算的公信度和接受度,介绍云计算的成本,采取政府采取补贴等方式,逐步引导中小企业进入云计算,拓展市场,同时也可以扶持云计算的市场发展。

十拓下联,打造智慧产业链。智慧城市是多个垂直行业智能系统联动,从而形成的一个智慧的大系统。智慧城市的建设和运营涉及了城市各项主体和各个领域,构建完善的上下游产业链将形成协同效应,加快智慧城市建设的推进步伐。一方面着力发展和提升以服务金融、电信、企业、政府、公共事业如教育、卫生等行业为目标客户的传统信息服务业,另一方面,推动传统意义上的信息技术企业与电信运营商、互联网、有线电视系统等多方的紧密合作,在无线宽带、三网融合、云计算中心等技术领域,共同为城市通信与信息基础设施建设提供服务,为城市打造新兴战略产业。要积极探索LED、物联网产业联盟发展及运作模式,推进软件信息业优先向市区板块集聚发展。依托"政务云",以旅游、汽车产业为切入点,打通信息产业"云管端"产业链,形成云计算"扬州模式",吸引相关软件研发商、系统集成商、运营商、智慧设备研发及制造企业落户扬州。

避免贪大求全将城市特色融入智慧城市的建设中,这样更有利于发挥政府职能,实现政、产、学、研、用的结合。要按需建设,做到可扩展、可优化,具有伸缩性。根据扬州城市定位,目前可以着重发展智慧社区、智慧医疗、智慧交通等与老百姓生活关联度较大的领域,把扬州打造成国家智慧城市建设的先行区、示范区。

智慧扬州已不仅是蓝图——扬州的"智慧产业",正成为城市经济发展的新引擎。以西安交大科技园、中国人民大学文化科技园等为代表的科技创意服务综合体,纷纷前来落户,成为扬州实体产业发展的"智库",而软件、云计算、物联网等科技产业,已在江苏信息产业基地形成集聚。作为"智慧生活"的应用终端,扬州发放数万张市民卡,已涵盖公交、社保、银行等卡服务功能,正积极纳入医疗、园林、图书馆等功能。而云计算技术的利用则让"智慧城市"的运行基础更为扎实。

9. 浙江——智慧整合 创意无限

浙江"智慧城市"目前已实现了无线民生、无线办公服务,为市民和企业获取公共信息资源提供便捷渠道;在城市规划、应急指挥、治安监管、交通管控、城管执法等一体化的城市精细化、智能化、数字化管理方面实现了广泛应用。进一步促进智慧浙江城市群的规模建设,打造开发、包容的无线城市统一平台。浙江已在全省范围内启动了20个智慧城市建设示范试点项目,遍及智慧健康、智慧旅游、智慧安居、智慧交通等领域。

紧扣民生,智慧生活悄然走近

"智慧城市"脱胎于"智慧地球"战略,是指借助物联网、传感网等信息技术,在家居、生产、信息管理、数字生活等诸多领域,构建智慧环境,进而形成生活服务、产业发展、社会管理的新模式。目前在世界上,韩国、新加坡、美国、日本、瑞典等国先后开始实施"智慧城市"发展战略。

然而,"智慧城市"并无定式,从何入手,成了这项未来战略的首篇考题。城市更聪明,民生更便利——浙江各地不约而同地将"智慧城市"建设的突破口瞄准了民生领域。

家住宁波江东区某社区的李奶奶突感身体不适,上门问诊的社区医生迅速对其进行初步检查,并将体检数据传输上网。几分钟后,中心医院的专家就结合李奶奶以往的电子病例档案,做出了明确的诊断……这就是宁波正努力编织的全城共享的智慧医疗健康网。借助这张网络,各市县医疗专家可"一竿子"插到基层,远程医疗会诊成为现实。

与此同时,宁波还建立了统一的预约挂号平台,患者可在网络上直接预约挂号全市 16 家二甲、三甲医院,并通过手机实时付费;居民们还可以通过智能手机等互联网方式,随时开展健康查询和自我保健管理。

在温州,新开发的"智慧旅游"系统,则给人们带来了另一种体验。游客只需打开智能手机或平板电脑,扫描一个二维码,就能让移动终端变身为私人导游,对应景点的历史来源、背景故事、民间传说一览无余;在手机上下载一个 APP,就如同打开了一张涵盖吃、住、行、游、购、娱等全方位资讯的旅游地图;通过一个特殊的"望远镜",眼前山色将呈现出四季美景,让一天之间领略四季变化……

据温州市旅游局负责人介绍,目前温州"旅游云"平台已初步建成,今年还将重点完成雁荡山、楠溪江等景点的"智慧旅游"示范点建设,实现网上展示、互动交流。

除此之外,杭州的智慧城管、嘉兴的智慧交通、绍兴的智慧安居等示范项目,也正扎实推进。各类智慧应用宛如烂漫春花,撒遍浙江大地。

云计算、物联网、超大规模集成电路……随着"智慧城市"从概念走向应用,与此相关的智慧产业也呈现星火燎原之势,为浙江经济注入了新的活力。

10. 海南——信息智能岛

您见过这样的情景吗?围绕着一个"小家伙",袖子一捋,电极一握,按钮一推,身体状况一目了然……海南省澄迈县城镇及农村的 50 多万人口都在家门口进行这样的体检。"小家伙"就是"高科技",它是企业为海南提供的医疗健康信息化项目。继澄迈试点先行后,"小家伙"正覆盖全省,而这仅仅是"十二五"期间海南信息产业发展的一个缩影。从无到有,由弱奋起,追赶跨越。在海南,"信息智能岛"已不再是梦。

梦就是希望

海南普通家庭快步迈入"百兆新时代",这也是海南信息基础设施建设的一次重大突破。智慧家庭的高清 iTV、iTV 卡拉 OK、手机看家等一系列"高大上"的物联网、云计算应用正走进万千岛民的家中,华为是海南"宽带中国"战略的重要参与者。下一步,华为 ICT(信息通信技术)解决方案助力海南"智慧城市"建设。同时,海南与阿里巴巴合作建设中国首个基于云计算和大数据的数字互联网城市——智慧互联网港湾,2015 年, 将建成适应经济社会发展需要的信息基础设施,并逐步推进平安城市、智慧环保、智能交通、智慧医疗、智能电网、智慧教育等"智慧城市"建设,打造"智慧旅游岛"。

"智慧城市"作为一种城市管理新模式,在全国上下迅速达成共识。早在 1997 年,海南就在全国率先提出"信息智能岛"建设,信息化建设取得显著成效，全省已形成了"三纵两横"覆盖各市县的骨干网络，海南省将实施"信息智能岛"工程作为建设国际旅游岛的重要抓手之一，在信息产业上实现追赶，跨越式发展，海南省采取的措施是：引进一批拥有自主知识产权、主业突出、综合实力强的国内外知名信息产业集团，构建以大企业为主导，大中小企业专业分工、产业协作的产业链；设立信息产业发展资金，在信息企业的贷款贴息、房租补贴、园区公共技术服务平台建设、项目引导资助、高级人才引进和培养等方面加大政策扶持力度；建立人才的引进、培养和激励机制，建立多层次的信息化教育培训体系，引进知名大学和研究机构，联合办学或开办信息产业技术型实训基地和研发基地，大量培养软件开发、服务外包、电子、网络类人才；实施农业信息化、电子政务、电子商务、智能交通、智能电网等重大信息化工程；加大扶持力度，高水平建设生态软件园和三亚创意产业园。

为了服务并保障海南国际旅游岛建设，全面提高海南省的社会治安管理水平，确保社会治安形势的持续稳定，海南省提出建设"海岛型立体化治安防控体系三大管控系统公安重点建设项目"的任务。海岛型立体化治安防控平台要求以视频图像信息系统为主体，计划将统筹并整合全省已有和新建的视频图像系统，实现全省视频图像资源的纵向共享和横向联网以及集中管理，同时防控平台将整合公安其他业务系统的数据信息，通过将系统功能与公安业务的融合，为公安实战业务的应用提供强大的技术支撑；另外，全岛将充分利用海南的独特地形，建设三级的"车辆卡口"和"人员卡口"防控屏障来进一步提升海南省社会治安的动态管控能力。

海南从平安城市建设和智慧城市建设的内在要求出发，结合本身对安防行业的深刻理解以及大量的项目经验，分别从"高清前端建设""综合业务平台""智慧城市需求"这三个最重要的角度切入，给出了平安海南建设的参考建设方案。该方案集成了HDCVI、标准联网、综合平台、智能分析、公安实战、运维网管、云监控和大数据以及视频能力引擎等核心技术，将成为平安海南智慧城市建设方案。

本篇小结

对正在规划和建设的典型国内外智慧城市案例：美国、欧洲、日本、新加坡、北京、上海、广州、海南等进行了总结和描述，并对其战略和实施效果进行了简要介绍，现概括如下表所示。

表4　国内外智慧城市建设案例

序号	国家/地区	战略或举措	实施效果
1	新加坡	"智慧国""智慧花园城市"	具有完善的资讯通信基础设施，成为全球资讯通信业最为发达的国家之一。在智能交通、清洁能源、建筑节能、废水利用、垃圾处理等方面取得了令人瞩目的成就，是世界智慧城市建设的先导
2	美国	"智慧地球"	在智能电网、智慧教育、智慧交通、智慧社区等方面进行了一系列尝试和努力，形成了可持续发展、绿色、便捷、高效、安全的智慧城市形态，其中哥伦布、迪比克、纽约等城市最具代表性

续表

序号	国家/地区	战略或举措	实施效果
3	欧盟	《欧洲2020年战略》、"欧盟新智慧城市与社区行动"	主要着重信息通信技术在城市交通、医疗、环境、能源、建筑等领域的应用,促进绿色、低碳、可持续发展的智慧城市建设。哥本哈根、赫尔辛基、阿姆斯特丹、斯德哥尔摩、巴塞罗那、曼彻斯特、卢森堡、奥胡斯、图尔库等城市整体智慧化程度较高
4	韩国	"U-Korea战略"	主要利用无线传感器网络技术,把全国所有资源数字化、网络化、可视化、智能化。首尔、釜山、仁川、大田道安、仁川青萝、牙山排芳、乌山细桥等城市均进行了U-City计划实施,涉及的内容有城市设施管理、城市安全、城市环境、城市交通、城市生活等方面。目前,韩国的U-City发展已完成互联阶段和丰富阶段,开始步入智能阶段
5	日本	"E-Japan"战略、"U-Japan"计划、"I-Japan"战略	通过一系列智慧城市发展计划的实施,在信息通信技术、数字化技术、电子政务、教育信息系统、交通、医疗、节能、环保等方面的取得了长足的进步,其中大阪、东京、横滨、丰田、京都、北九州等走在了全国的前列
6	布里斯班	"绿心智慧城市计划"	以"绿心智慧城市计划"为核心,通过"气候变化和能源工作组"提供的城市发展建议,推动绿色交通、智慧旅游、智能照明、绿色基础设施等建设,并以"智慧城市创新节"为契机,将布里斯班打造成澳大利亚最为节能环保的城市
7	北京	《智慧北京行动纲要》	《智慧北京行动纲要》包括城市智能运行行动计划、市民数字生活行动计划、企业网络运营行动计划、政府整合服务行动计划、信息基础设施提升行动计划、智慧共用平台建设行动计划、应用与产业对接行动计划、发展环境创新行动计划等八大计划。明确了产业发展和应用建设的总体方向,以及智慧城市建设重点领域的发展目标、行动计划和关键举措

续表

序号	国家/地区	战略或举措	实施效果
8	上海	"宽带城市"	以高速的宽带网络带动智慧社区、智慧医疗、智慧校园、智慧交通、智慧生活、智慧教育的建设,并逐步从基础设施建设向满足实际需求出发转型,2014—2016年将着力实施"活力上海五大应用行动":着眼打造城市宜居的智慧生活、产业创新的智慧经济、精细化管理的智慧城管、透明高效的一体化智慧政务、着眼区域示范打造智慧城市"新地标"
9	广州	"无线城市"	以"低碳经济、智慧城市、幸福生活"三位一体为城市发展理念,通过"智慧广州 无线城市"计划实施,大力推进智慧社保、智慧医疗、智慧安防、智慧教育、食品/药品溯源、智能家居、智能建筑、智慧社区、智能水网、智能环境等工程建设。2012年广州市被评为全国"智慧城市领军城市",智慧城市发展水平位列全国第二;"智慧广州战略与实践"荣获2012年巴塞罗那"世界智慧城市奖";2014中国智慧城市创新大会在广州召开,并确定了广州市番禺区、吉林省延吉市为智慧城市发展联盟样板城市
10	海南	"信息智能岛"	2015年,分别从"高清前端建设""综合业务平台""智慧城市需求"三个最重要的角度切入,初步建成适应经济社会发展需要的信息基础设施,并逐步推进平安城市、智慧环保、智能交通、智慧医疗、智能电网、智慧教育等"智慧城市"建设,建设智慧旅游岛

主要参考文献

[1] 包硕.智慧旅游信息系统的分析与设计[D].厦门大学,2013.

[2] 杨媛,周威.物联网技术与智慧城市建设[J].科海故事博览·科技探索,2013,4.

[3] 逢金玉."智慧城市"——中国特大城市发展的必然选择[J].经济与管理研究,2011,12:74-78.

[4] 王德恒.关于建设智慧城市的战略思考[J].城市建设理论研究(电子版),2012,7.

[5] 郑立明.关于建设智慧城市的战略思考[J].现代管理科学,2011,08:66-68.

[6] 陈希.集智慧之力 建智慧之城[J].上海信息化,2013,03:18-22.

[7] 吴瑞坚.智慧城市建设与政府治理结构性转型——整体政府的视角[J].探求,2012,05:20-24.

[8] 邹佳佳.智慧城市建设的途径与方法研究——以浙江宁波为例[D].浙江师范大学,2013.

[9] 邓红沁.中国城市化进程的智慧之路[J].中国自动识别技术,2012,5.

[10] 张锐.我国建设智慧城市的几点思考[J].科技信息,2013,22:74-75.

[11] 关注智慧城市[J].世界电信,2012,11:33+6.

[12] 浙江省科学技术协会信息中心.智慧城市:建设智慧浙江的龙

头[J]. 中国自动识别技术,2012,5.

[13] 陈馨. 智慧城市建设思路建议[J]. 中国新通信,2014,04:120-121.

[14] 闫海琳. 智慧城市下的城市管理模式变革 [A]. 第六届中国数字城市建设技术研讨会,2011.

[15] 十一届软交会,让智能走进未来生活[J]. 软件工程师,2013,06:5-6.

[16] 徐玉春. 关于推进"智慧天津"战略及对策研究[D]. 天津大学,2012

[17] 丁兆威. 智慧城市试点与安防[J]. 中国公共安全,2014,07:45-46+48+50+52.

[18] 何东. 智慧城市创新发展模式和策略探讨 [J]. 信息通信,2012,01:265-266.

[19] 邓小勇. 大力推进智慧城市建设[J]. 中国信息界,2012,12:21-26.

[20] 2013年中国智慧城市建设取得进展的十大事件[J]. 经纬天地,2014,01:30-33+55.

[21] 张永民,杜忠潮. 我国智慧城市建设的现状及思考[J]. 中国信息界,2011,02:28-32.

[22] 张祖群,王晓芝. 智慧城市背景下的北京交通基础设施建设研究[J]. 城市管理与科技,2013,05:58-60.

[23] 徐正虹. 建设中国特色的智慧城市,开启绿色未来[J]. 资源再生,2013,12:8.

[24] 徐春燕. 智慧城市的建设模式及对"智慧武汉"建设的构想[D]. 华中师范大学,2012.

[25] 管清宝. 关于"智慧城市"建设的思考[J]. 安装,2014,01.

[26] 孙玉娟. 智能家居借势突围从智慧城市到美丽中国[J]. 中国住宅设施,2013,Z1:86-87.

[27] 曹勇. 基于现代信息技术的智慧城市建设及政府角色研究[J]. 中国电子商务,2014,09.

[28] 童隆俊,陈铭. 构建"智慧南京"提升城市功能—南京构建"智慧城市"的若干思考[J].信息化建设,2010,05:25-27.

[29] 张笑峰,王磊,郭菊娥.中国智能城市经济发展战略的思考与建议[A].第五届"管理学在中国"学术研讨会,2012,08.

[30] 逄金玉."智慧城市"——中国特大城市发展的必然选择[J]. 经济与管理研究,2011,12:74-78.

[31] 徐玉春. 关于推进"智慧天津"战略及对策研究[D]. 天津大学,2012.

[32] 陈柳钦. 智慧城市:全球城市发展新热点[J]. 青岛科技大学学报(社会科学版),2011,01:8-16.

[33] 吴瑞坚. 智慧城市建设与政府治理结构性转型——整体政府的视角[J]. 探求,2012,05:20-24.

[34] 陈柳钦. 智慧城市:全球城市发展新热点[J]. 全球科技经济瞭望,2011,04.

[35] 王成金. 智慧的城市管理:理念整合和技术应用 [J]. 前沿,2013,13:151-154.

[36] 张永民,杜忠潮. 我国智慧城市建设的现状及思考[J]. 中国信息界,2011,02:28-32.

[37] 周轶. 基于城镇化质量导向的新型城镇化发展路径研究[D].西南大学,2013.

[38] 张梅燕. 城市类型划分与智慧城市发展策略探析 [J]. 商业时代,2012,28:11-12.

[39] 薛宏建. 智慧城市云平台构建未来城市大脑[J]. 中国信息界,2013,09:81-83.

[40] 倪外. 基于低碳经济的区域发展模式研究 [D]. 华东师范大学,2011.

[41] 张云霞. 智慧城市,城市未来解决之道 [J]. 中国电信业,2012,02:34-37.

[42] 谢昕. 我国智慧城市发展现状及相关建议 [J]. 上海信息化,2012,01:12-15.

[43] 许晶华. 我国智慧城市建设的现状和类型比较研究[J]. 城市观察,2012,04:5-18.

[44] 关海玲. 低碳生态城市发展的理论与实证研究[M]. 北京:经济科学出版社,2012-5-1.

[45] 颜慧超等. 全球智慧城市研究前沿与实践标杆[M]. 北京:世界图书出版社,2013-5-1.

[46] 杨冰之 郑爱军. 智慧城市发展手册[M]. 北京:机械工业出版社,2012-6-1.

[47] 姚国章等. 美国公共安全无线宽带网 FirstNet 的建设与启示[J]. 中国应急管理,2014,02:48-53.

[48] 耿诺 赵洪潭. "智慧城市"新技术北京率先使用[N]. 北京日报,2012-10-12005.

[49] 李行伟,蔡宇略. 香港——从智能城市迈向智慧城市[J]. 中国信息界,2013,12:33-38.

[50] 徐正虹. 建设中国特色的智慧城市,开启绿色未来[J]. 资源再生,2013,12:8.

[51] 郝迎聪. 信息技术成为智慧城市建设的动力引擎[J]. 中国科技财富,2014,06.

[52] 王玉平,邹伟. 政府职能转变与行政效率的提高[J]. 山西大学学报(哲学社会科学版),2004,02:112-114.

[53] 戴亦欣. 中国低碳城市发展的必要性和治理模式分析[J]. 中国人口.资源与环境,2009,03:12-17.

[54] 陈劲. 智慧花园城市——新加坡[J]. 信息化建设,2010,03:12-13.

[55] 陈桂香. 国外"智慧城市"建设概览 [J]. 中国安防,2011,10:100-104.

[56] 翰辰. 全球智慧城市兴起[N]. 南京日报,2012-03-14A09.

[57] 杨琳. 巴塞罗那:智慧"欧洲之花"[J]. 中国信息界,2014,02:56-59.

[58] 赵汗青. 中国现代城市公共安全管理研究[D]. 东北师范大学,2012.

[59] 周松华,屠炯. 宁波建设"智慧城市"筑梦幸福生活[N]. 浙江日报,2014-09-1100012.

[60] 庞彩霞. 广东佛山扎实推进信息化建设 [N]. 经济日报,2011-07-1801.

[61] 智慧云数据中心:构建智慧城市的基石[J]. 决策,2014,01:14-15.

[62] 王秀军:智慧城市是国家治理体系和治理能力的重要组成部分. 网易.

[63] 创新2.0视野下的智慧城市. 联合国公共管理网络. 2013-02-06.

[64] 城镇化升温 多部委力推智慧城市. 中国智慧城市网. 2012-12-24.

[65] 智慧城市并非只停留在概念阶段. 物联网在线. 2012-12-24.

[66] 中国工程科技中长期发展战略研究报告发布. 科技日报.

[67] 从e-Japan到i-Japan 日本信息化建设实现三级跳. 中国计算机行业网.

[68] 首尔地铁月台出现虚拟超市 提供日常百货.联商网.

[69] 新华网:武汉"电子菜箱"网上订楼下取.

[70] 人民网:光谱探测 气流运输 德国分拣垃圾用上高技术.

[71] 通信世界网:首尔经验:智慧城市建设要以人为本.

[72] 中国安防展览网:多国加入智慧城市建设大潮 发展重点各有不同.

[73] 中国廉政网:南京:"智慧政务"推动政务服务.

[74] 和讯网:台湾信息服务解决方案 让生活更智能.

[75] 能源期刊网:错位平行的智慧城市实践.

[76] 新浪网:建立"智慧"的公共安全系统.

[77] 新华报业网:追溯码,给菜篮子加把安全锁.

[78] RFID 世界网:RFID 药品溯源管理系统解决方案.

[79] 新华网:柏林城交通智慧化管理方便市民出行.

[80] RFID 世界网:RFID 助力迪比克的公交系统高效运行.

[81] 腾讯网:智慧校园 奏响装备应用创新主旋律.

[82] 360 个人图书馆:香港智慧城市应用案例.

[83] 人民网:宁波:"智慧医疗"搭建百姓就医新平台.

[84] 东方网:"长白智慧屋"率先让智慧城市走进百姓生活.

[85] 浦东信息化网:陆家嘴街道智慧社区建设交流活动.

[86] 中国质量新闻网:欧盟节能减排"智能窗"技术获得突破.

[87] 上海节能信息网:东京:树立物联网 低碳信息化样板.

[88] 中国经济网:澳大利亚出台智能电表新项目.

[89] 凤凰网:法国家家都有分类垃圾桶.

[90] 3D 打印向制造业进军 6:美国掀起的"3D 打印"革命。中国 3D 打印服务网.

[91] 美国:农业物联网将引领下一个农业时代.C114 中国通信网.

[92] 中国物联网:智慧农业:用手机"种"出"智慧花".

[93] 宁波政府网:宁波市加快创建智慧城市行动纲要(2011—2015).

[94] 西祠胡同:以系统论观点解析智慧城市.

[95] 搜狐网:智慧城市获 25 部委支持 发改委等机构逐一解读.

[96] 国脉物联网:李晓丽:智慧城市时空信息云平台的理解与建设.

[97] 电气自动化技术网:"智慧城市"是"美丽中国"密不可分的组成部分.

[98] 中国智慧城市网:纽约:大都市的大智慧.

[99] 中国智慧城市网:欧盟的智慧城市战略和实践.

[100] 物联网在线:斯德哥尔摩智慧城市发展构想.

[101] 3sNews:以无线传感器为基础 韩国城市进入 U-City 时代.

[102] 中国政务信息化网:绿心智慧城市:布里斯班.

[103] 智慧北京网:智慧北京现在进行时.

[104] 慧聪智能家居网:上海快人一步 "智慧城市"应用渐入佳境.

[105] 新华网:智慧城市以人为本.

[106] 新华网:2014 中国智慧城市创新大会召开 多方解读智慧城市建设.

[107] 千家网:广州新型智慧城市发展现状及应用.

[108] 现在网:武汉 8 年内基本建成智慧城市.

[109] 赛迪网:宁波杭州湾新区:智慧产业支撑智慧城市.

[110] 中国信息产业网:感知中国感知无锡,智慧生活无处不在.

[111] 扬州市科学技术协会:打造智慧扬州 推进世界名城建设——关于推进扬州"智慧城市"建设的建议.

[112] 光明日报:海南"信息智能岛"不再是梦.

[113] 视窗信息:未来十年中国产业格局大猜想.

[114] 和讯网:住建部公布首批智慧城市试点名单.

[115] 广东省物联网协会网:"智慧城市"是"美丽中国"密不可分的一部分.

[116] 宁建强.浅谈城市立体绿化对环境的影响[C].低碳建筑与生态文明研究文集,2014-01-14.

[117] IBM 网站:智慧的地球-智慧的城市.

[118] 中国智慧城市网:http://www.cnscn.com.cn/.

[119] 新华网江苏频道：南京将用"幸福指标"考核官员.

[120] 央视网：全球十大智慧城市榜单出炉.

[121] C114 中国通信网：智慧城市成就美丽中国.

[122] 乐山理论网：王亚东：智慧城市建设是乐山推进"两化"互动建设的科学选择.

[123] 陆茂钦. 云时代的低碳建筑节能新技术[C]. 低碳建筑与生态文明研究文集, 2014-01-14.

[124] 中国安防展览网：智慧城市建设热潮中的理性思考.

[125] 新华网：树立正确的智慧城市发展观.

后　记

生态城市、低碳城市、数字城市与智慧城市

　　自 20 世纪 80 年代起,我国开始关注绿色城市、生态城市、低碳城市等专项研究。其中,绿色城市是基于现代人类对生态文明的觉醒和对传统工业化与工业城市的反思,是以一定区域为条件的社会、经济、自然综合体,因此,绿色城市中的"城市"也并非指一般概念上的城市。而生态城市作为一个正式的科学概念,是联合国教科文组织于 1971 年提出来的,生态城市是以人为主体,由社会、经济和自然三个子系统构成的复合生态系统。(仇保兴,2009)认为生态城市是指有效运用具有生态特征的技术手段和文化模式,实现人工——自然生态复合系统良性运转,人与自然、人与社会可持续和谐发展的城市。生态城市的目标在于协调城市发展与自然系统之间的关系,而低碳城市的目标则在于实现发展前提下的低能耗、低碳排路径。

　　低碳城市具有更广阔的空间领域，它的基本前提是全球气候变化问题，因此其目标指向更多地具有全球性而非某种特定的地域性特征；而低碳技术的不断创新和发展才是低碳城市发展的核心。低碳城市所包含的概念范畴较小，其目标指向主要是能源的使用和二氧化碳的物质循环两个方面，具有鲜明的物质性目标特征；生态城市包含了极其广泛的概念范畴，其中不仅仅包括能源和二氧化碳循环问题，还包括社会、经济、环境等，几乎是城市所有的方面，不仅包含物质性目标、也包括综合性的社会性目标(陈蔚镇等，2010)。

　　数字城市则是一个地域内城市空间的主导形式。它覆盖了大范围的数字网络和应用软件，对城市社会及经济生活的多个方面都有促进作用，如商业、贸易、医疗、教育、交通、安全、运输等方面。(Ishida，2012)对此提出了分类：商业型数字城市致力于利用商业信息来赚取利润；政策驱动型或者政务数字城市，是为了加强政府与市民之间的沟通交流而建设的；虚拟城市是利用城市建筑及公共场所的三维模型为人们提供虚拟旅游服务，并拓宽了市民与城市各类服务提供商之间的沟通渠道；多功能数字城市使人们可以通过城市三维模型及全景图像来获取交通、天气、停车、购物等方面的信息，领略城市环境及景点风光，还有机会与当地居民及其他旅客进行互动。

　　当然,智慧城市也是一个全新的概念和理念,目前仍处于发展阶段,还没有权威的定义和统一的标准。其核心内容是围绕如何建立一个由新工具、新技术支持的涵盖政府、市民和商业组织的新型城市生态系统而展开的。智慧城市提供了城市区域发展和创新管理两大领域的一种新型规划范式。(王辉等,2012)概括为:智慧城市的核心思想是充分运用信息技术等手段,透彻地感知、全面地互联互通、深入的智能化,以及有效整合城市运行核心系统的各项关键信息,并对城市管理和服务、工商业活动、居民生活等各层次需求做出智能响应,为城市管理者提供高效的城市管理手段,为企业提供优质服务和广阔的创新空间,为市民提供更好的生活品质。同时,智慧城市是城市信息化和工业化深度融合的载体,它不仅将信息化从企业、行业及大区域的寻常视野聚焦到一个个城市,还以信息化打造城市未来竞争力和可持续发展的平台。通过智慧城市和智能化基础设施的建设,不但可以带动传统行业的就业,还将消费大量信息产业产品,拉动高科技产业增长,创造大量技能型就业岗位,促进城市服务转型和服务经济增长。"智慧城市"概念一经提出,便得到人们广泛的关注和响应,它为城市探索新的发展模式,寻找可持续发展途径,促进工业社会向信息化社会转型提供了一种有价值的思路。

　　作为人类永恒的发展目标,城市的可持续发展是我们关注的重要内容。在大数据下的移动互联网时代，我们已经习惯了把各式各样的新概念潮涌般地渗透到现代城市的各个领域、各个细节里。诸如生态城市、绿色城市、低碳城市、数字城市、智慧城市等纷繁的城市理念之间的交织和混搭，使得当下呈现出更加多元的、复合的城市发展价值取向。我们无须过多的强调或限定这些理念的异同，因为，它们各自具有独特的存在价值，这些作为可持续发展目标下的价值交集，也完全可能在同一个城市案例中叠合。

赵灵智 崔成江

2015 年 5 月 8 日